Bibliografische Information der Deutschen
Nationalbibliothek:
Die Deutsche Nationalbibliothek verzeichnet diese
Publikation in der Deutschen Nationalbibliografie;
detaillierte bibliografische Daten sind im Internet über
http://dnb.dnb.de abrufbar

© Robert Hubrich
Herstellung und Verlag: BoD – Books on Demand,
Norderstedt

ISBN: 9783759767363

# Sterben als Reifeprüfung

## Gutes Leben und gutes Sterben im Einklang

Robert Hubrich

### Vorwort

Um es gleich vorweg zu nehmen – dies soll keinesfalls ein Buch sein, um das Sterben und den Tod zu verharmlosen oder gar zu glorifizieren. Er ist ein Teil von uns, der keiner besonderen Wertigkeit entspricht und dem Leben gleichgestellt ist. Es ist lediglich der Versuch, eine längst überfällige Akzeptanz zu schaffen, die uns viel von dieser subtilen Angst nehmen kann, die wir mehr oder weniger erfolgreich ignorieren. Der Tod ist weder gut noch schlecht, er ist schlichtweg neutral. Er gehört zu uns wie das Leben und genauso sollten wir das auch sehen.

Haben Sie nicht auch schon einmal daran gedacht, wie es sein wird, wenn dieses Leben zu Ende geht? Wenn einem bewusst wird, dass es zu einem unwiderruflichen Abschied kommen muss. Was passiert denn dann? Was kommt danach? Kommt überhaupt etwas? Was spielt sich im Augenblick des Todes in uns und unserem Geist ab? Es ist ja nicht nur die Frage, was kommt, sondern es ist auch ein rückschauendes Gefühl nochmaligen Ablaufes des eigenen zurück liegenden Lebens, das gelebt wurde. Glaubt man den vielen Nahtodberichten, so spult sich unser vergangenes

Leben noch einmal in einem winzigen Augenblick ab. War es gut gewesen? War es schwierig? Vielleicht sogar anstrengend? Oder war es wirklich schön, leidenschaftlich und lohnenswert? War ich damit zufrieden und oft genug glücklich? Habe ich irgend etwas zu bereuen? Glücklich ist wohl der, der dieser Frage ein ´Nein` erwidern kann.

Viele dieser Fragen nach dem „Danach" können wir ja gar nicht beantworten, weil wir es nicht wissen. Wir können nur spekulieren und die Möglichkeiten auswerten. Was wir sicher wissen, ist, was wir über die Zeit unseres Lebens getan haben, um zufrieden oder gar glücklich zu sein. Wir wissen sehr genau, was wir gedacht haben, was wir empfunden haben und ob wir wirklich und wahrhaftig gelebt und geliebt haben - und hoffentlich auch geliebt wurden. War das Leben erfüllend oder eben nicht? Haben wir etwas geschaffen, das uns mit Stolz erfüllt? Haben wir Spiritualität erfahren?

Es ist gar nicht so ganz einfach, sein eigenes Leben zu analysieren. Denn allzu leicht vergessen oder verharmlosen wir die schwierigen Zeiten, die unsäglichen schmerzlichen Momente, die unser Gehirn verdrängt und in eine Ecke schiebt, die wir so resolut verschließen können. Und das ist auch gut so. Im Resümee verbleiben meist die guten und schönen Zeiten, denn ansonsten würden wir wohl verzweifeln und verrückt werden. Stets werden uns die schönen Zeiten und Momente in Erinnerung bleiben. Die Natur hat unser Gehirn mit dieser einzigartigen Gabe versehen, die es uns erlaubt, trotz allem immer wieder Freude im Herzen verspüren zu können.

Aber zurück zum Ausgangspunkt – nämlich einem Ende, dem ein jeder irgendwann begegnen muss. Auch der Ignoranteste wird sich dem eines Tages konfrontiert sehen. Die letzte Frage, wie ich dem gegenüber zu treten bereit bin, wird unausweichlich gestellt werden müssen. Werde ich

Angst haben? Wie groß wird dann diese Furcht sein, die ich empfinden werde? Was wird mich erwarten und was ist, wenn ich vor lauter Schmerzen nicht mehr denken kann?

Ich kann Ihnen jetzt schon versichern, dass es keinen Grund geben wird, Angst zu haben. Vorausgesetzt, Sie haben sich beizeiten darauf vorbereitet. Denn das wird die Bedingung sein, ob wir dann gelassen, mutig, vertrauensvoll und voller Hoffnung empfangsbereit sind – oder eben furchtsam, ängstlich und panisch unseren Geist nicht mehr unter Kontrolle haben werden.

Dieses Buch soll Sie auffordern, Ihren Geist, Ihre Seele und Ihr Herz zu öffnen. Sterben kann und darf nicht ein Tabuthema sein. Wie sollen wir aus diesem Leben gehen können, wenn wir nur noch von Angst und Furcht beherrscht werden? Wir können nicht leben, wenn wir auch nicht sterben. Und wir können nicht sterben, wenn wir nicht gelebt haben. Wir bemühen uns doch ständig um ein gutes Leben...dann sollten wir uns auch um ein gutes Sterben bemühen. Beides ist untrennbar miteinander verbunden. Und mit einem guten Sterben ist vor allem gemeint, die Angst davor zu beherrschen, im Idealfall keine zu haben und dem Vertrauen und der Hoffnung allen verfügbaren Raum zu geben. Ja, ich weiß, Vertrauen zu wem oder zu was und welche Hoffnung? Ich bin doch dann tot, da gibt es keine Hoffnung mehr. Eben das steht längst nicht fest. Zwar ist niemand je zurück gekommen, um davon zu berichten und die vielen Nahtoderfahrungen basieren auch nur auf persönlichen Erzählungen. Es gibt auch keinen wissenschaftlichen Beweis, dass nach dem Tod irgend etwas kommen sollte. Es gibt allerdings auch keinen wissenschaftlichen Beweis, dass danach nichts kommen wird. Wir stecken sicherlich in einem Dilemma, dem wir rein rational nicht begegnen können. Aber das müssen wir auch nicht, weil es gar nicht notwendig sein wird. Ich denke,

der schlechteste Weg ist die Ignoranz. Ignoranz wird nur Angst erschaffen. Ignoranz fördert das Nichtwissen und damit auch Unsicherheit und Furcht. Die Natur hat uns doch einen Geist gegeben, den wir leider nur sehr wenig nutzen. Dieser Geist wird aber das sein, was uns am Ende bleibt. Trainieren wir ihn, öffnen wir ihn, lassen wir ihn genügend Raum einnehmen. Geben wir ihm die spirituelle Kraft, um mit dem Tod gelassener umgehen zu können. Denn diese seine Akzeptanz befähigt uns, auch das Leben wesentlich bewusster und intensiver leben zu können. Denn das ist es doch, was ein jeder wirklich möchte.
Begeben wir uns auf eine besondere Reise. Auf eine Reise durch die Kulturen, durch die Welt und um die Welt. Eine Reise auch oder gerade durch das eigene Ich und durch das eigene individuelle Wesen mit all seinen Stärken und mit all seinen Schwächen. Wie gehe ich heute mit dem Tod um und habe ich ein ernsthaftes Interesse, mich einmal intensiv damit auseinander zu setzen? Wie gehen denn zum Beispiel die Menschen fernab von unserer westlichen Gesellschaft mit dem Sterben und dem Tod um? Was für eine Hoffnung bieten die Religionen und der Glaube? Dreht sich wirklich alles um den Glauben? Muss ich denn glauben, was einst irgend jemand gesagt oder getan hat? Oder gibt es da doch noch etwas anderes? Etwas, das sich uns noch gar nicht offenbart hat…

Im Folgenden werden wir verschiedene Phasen durchleben. Angefangen mit der Bewusstmachung unserer Endlichkeit und einem neugierigen Wissensdurst, der zum Ziel hat, sein Leben eben nicht ohne das Sterben zu planen, zu organisieren und zu lieben. Wir werden sehen, dass unser Geist der Schlüssel zu allem sein wird und wir ihm wesentlich mehr Aufmerksamkeit widmen müssen als wir das tagtäglich tun. Die Erkenntnis, den Tod mit in sein tägliches Leben einzubeziehen, bedarf erst einem gewaltigen Sprung über den eigenen Schatten, denn unsere westliche Gesellschaft zieht nach wie vor eine dunkle Decke über das Thema. Nichtsdestotrotz ist die Beschäftigung damit nichts Abstoßendes oder gar Morbides. Es ist weder eine depressive Abartigkeit noch etwas seltsam Unheimliches. Es hat weder etwas mit Okkultismus noch mit Schamanismus oder gar Schwarzer Magie zu tun. Genügend Menschen müssen sich doch auch jeden Tag damit beschäftigen, man denke nur an das Hospiz oder eine Palliativstation, eine Einrichtung für Schwerkranke oder eine Klinik für Krebspatienten. Nicht zu vergessen die vielen Seelsorgestationen und die Kirche mit ihren Pfarrern und Priestern. Beerdigungsinstitute können ohne eine gewisse Empathie für die Hinterbliebenen ihr Geschäft gar nicht aufrecht erhalten. Selbst die Mitarbeiter der Sozialstationen werden oft genug mit dem Sterben konfrontiert. All diese vielen Menschen, die zum Teil ehrenamtlich damit arbeiten, verbindet eines ganz sicher: das Sterben und damit der Tod kann nicht ignoriert werden. Denn es geht immer um einen Menschen, der fühlt, der sich fürchtet, der sich sorgt, der Angst hat und der jemanden oder etwas braucht, das ihm Klarheit, Ruhe und Vertrauen gibt. Wenn sich dies alles in seinem Geist etabliert hat und die Macht übernimmt, wird es keine Ängste mehr geben. Und erst dann kann man von einem guten Sterben sprechen.

In weiteren Phasen werden wir versuchen, den Bedingungen für das Öffnen des Geistes auf den Grund zu gehen. Der Geist ist es, der uns dazu befähigt, Gelassenheit zu erlernen und zu manifestieren. Unsere alltäglich begrenzte Sichtweise, die durch den engen Rahmen des Berufs und der Familie eingeschränkt ist, dient sicherlich nicht dazu, alle bestehenden Möglichkeiten in Betracht zu ziehen oder sich damit ernsthaft und ausgiebig beschäftigen zu können.

Neugier, Wissen, Lernen und Verstehen sind die Bereiche, in die wir erst eintreten müssen, um dadurch Klarheit und Vertrauen aufbauen zu können. Wir müssen unsere eigene Spiritualität bemühen, auch wenn sie noch so lange vor sich hin geschlummert hat. Es sind oftmals steinige Wege, die wir beschreiten, aber mit zunehmendem Verstehen werden alle Wege leichter, heller und sanfter.

# Inhalt

1. Die Konfrontation………..…..……………... 12
2. Erste Gedanken ……..………....…...….…... 21
3. Der Beginn einer Reise…………………... 30
4. Neugier und Wissen……………………… 46
5. Abkehr von Traditionen………………….. 64
6. Das Neue…………………………………… 72
7. Öffnung des Geistes……………………... 79
8. Die Größe der Welt……………………… 90
9. Verbindung in die universelle Tiefe……… 104
10. Leben und noch mehr Leben ……………. 117
11. Gelassenheit, Akzeptanz und Erleuchtung.. 140
12. Zur Ruhe finden……..………...…………… 142
13. Übung und Konzentrationsfähigkeit……... 147
14. Die Magie des Lebens…………………… 155
15. Und nun?……..………….....…………….. 169

## Die Konfrontation

Ich war fünfzehn Jahre alt, als ich das allererste Mal mit dem Tod direkt konfrontiert worden war. Bis dahin beschränkten sich die realen Todesmeldungen auf die grausamen Berichte über Vietnam und die vielen Toten, über Verkehrsopfer, manche Gewaltdelikte und Gespräche der Verwandtschaft, wenn entfernte Familienmitglieder verstorben waren, die ich nicht einmal kannte. Aber dieses Mal war es anders. Meine Großmutter war gestorben. Eine Frau, die in meiner Erinnerung nur als fürsorgliche, liebevolle Mutter und Oma existiert. Die Türe zu ihrer Wohnung war immer offen, jeder konnte jederzeit zu ihr kommen und immer hatte sie etwas Süßes für uns Kinder zur Hand. Es war eine echte Anlaufstelle, die ich als Zuflucht, als Nest und als Schutzraum immer wahrgenommen hatte. Leider sind meine Eltern mit uns Kindern frühzeitig weg gezogen, nicht weit, aber doch so weit, dass ich meine Großmutter nur noch sehen konnte, wenn wir zu Besuch kamen.

Als meine Mutter mir ihren Tod mitgeteilt hatte, war ich mir dieser Tatsache zunächst gar nicht richtig bewusst gewesen. Ich erinnere mich noch daran, dass ich außer einem kleinen Stich im Herzen keinen großen Schrecken verspürt hatte. Vielleicht war ich noch zu jung gewesen, um diese Endgültigkeit richtig verstehen zu können. Zumindest in diesem Augenblick. Das wurde anders, als der Tag der Beisetzung näher kam. Es geschahen ein paar entscheidende Dinge, die ich bis heute – mehr als fünfzig Jahre später – niemals vergessen habe.

Ich weiß nicht mehr, welcher Wochentag es gewesen ist. Wir fuhren schweigsam zur Beerdigung. Mein Vater – es war seine Mutter, die er sehr verehrt hatte – war äußerst

still. Meine Mutter legte ihm ein paarmal die Hand auf den Arm, das mir nicht entgangen war. Das war die einzige mitfühlende Reaktion, die ich damals mitbekommen hatte. Mein Vater kam aus einer Generation, in der man alles tat, um nicht große Gefühle zeigen zu müssen. Emotional war er mehr als zurückhaltend. Das hat er leider bis zu seinem Tode niemals ablegen können. Jedenfalls haben wir Kinder, meine Schwester und ich, sehr wohl mitbekommen und verstanden, wie tief ihn der Tod der Mutter getroffen hatte. Gesprochen hat er darüber nie.
Als wir vor der Kirche ankamen, waren die Verwandten alle schon anwesend. Wir waren eine große Familie, dementsprechend voll war es in der Kirche während der Trauerfeier. Erst da konnte ich meine Tränen kaum mehr zurückhalten. Und erst da begriff ich die Unumkehrbarkeit dieser Tatsache. Die gesamte Trauergemeinde war erschüttert, saß weinend in den Bänken und schluchzte mehr oder weniger stark vor sich hin. Doch eines ließ mich bereits vor dem Gang in die Kirche aufhorchen. Meine Großeltern väterlicherseits hatten in ihrem Leben elf Kinder in die Welt gebracht. Da zwei oder drei, ich weiß es nicht mehr so genau, schon frühzeitig oder kurz nach der Geburt verstorben waren und ein Kind meines Wissens später verstorben ist, blieben noch acht der Geschwister übrig, die mit ihren Familien alle zugegen waren. Wie gesagt, es war eine sehr große Familie gewesen. Zu meiner größten Überraschung begrüßte mein Großvater vor der kirchlichen Trauerfeier alle mit einem Lächeln und dem Statement, dass meine Oma friedlich und schmerzlos eingeschlafen war. Er war völlig ruhig gewesen und ich bewunderte das damals sehr. Natürlich musste auch er während des Gottesdienstes so viele Tränen vergießen und ich erinnere mich noch an dieses tiefe intensive Mitgefühl, das ich damals für ihn empfunden hatte. Es war weniger der Schmerz aufgrund des

Todes meiner Großmutter, eigentlich war es der Stich in meinem Herzen, weil ich nicht wollte, dass mein Großvater so leiden musste. Ich wollte ihm beistehen, ihn irgendwie trösten, ihm diesen traurigen Schmerz nehmen, aber ich hätte wohl gar nicht gewusst, wie ich das anstellen sollte. Erst viele Jahre später konnte ich meine tiefen Gefühle verstehen - dass ich bereits als Kind und dann vor allem als Jugendlicher ein Hochsensibler, ein stark reaktiv introvertierter Mensch war, der auf solche Ereignisse heftiger reagiert als andere. Und das immer schon so gewesen war. Eine Erkenntnis, die sich erst nach Jahrzehnten herausgebildet hatte.

Nach der Trauerfeier mussten wir einen längeren Weg bis zum Friedhof laufen. Viele fuhren mit dem Auto, aber mein Großvater wollte laufen. Ich begleitete ihn damals und er erzählte mir, wie die Oma in der Nacht gestorben war. So weit ich mich noch erinnern kann, wachte er in der Nacht zwischen zwei und drei Uhr auf. In diesem Moment hatte er schon gewusst, dass sie gegangen war. Mein Großvater hatte zwei Weltkriege überlebt, er war in Russland und in Gefangenschaft in Frankreich, er wusste, wann ein Mensch tot war.

Er rief nicht den Notarzt, er setzte sich nur auf und nahm Abschied von seiner Frau, mit der er ein so langes Leben geteilt hatte. Kein leichtes Leben während der schlimmsten Zeiten in Deutschland und Europa. Noch heute hege ich allergrößte Bewunderung für diesen Mann, der trotz so vieler schrecklichen Erlebnisse, trotz der Vertreibung aus seiner Heimat und einer Flucht ins Ungewisse seinen Humor und seine Lebensfreude niemals verloren hatte. Mein Großvater ist immer noch mein großes Vorbild, weil er inmitten eines traditionell patriarchalischen Familienbundes so ganz anders war als seine Kinder. Er war eine Respektsperson, ohne dass er es nötig gehabt hätte, Angst oder Furcht zu verbreiten. Längst schon weiß ich, dass er dem Leben gegenüber sehr weise gewesen war. Ich habe ihn nur freudig und humorvoll kennen gelernt. Immer offen und niemals furchtsam. Oft sagte er, wenn die Reihe an ihm wäre, zu gehen, würde er sofort gehen. Er würde nicht als Bettlägriger abhängig von der Güte anderer enden wollen. Jedenfalls habe ich das immer so erlebt. Und ich kann mich noch gut an das schelmische Lächeln erinnern, das er dabei aufgesetzt hatte.

Erst am frühen Morgen rief er den Arzt. Die Stunden mit seiner toten Frau hatte er genutzt, um sich intensiv von ihr verabschieden zu können.

Am Friedhof angekommen, war meine Großmutter in der Aussegnungshalle aufgebahrt. Damals war es noch üblich, dass der Sarg geöffnet war und die Angehörigen sich verabschieden konnten. Heutzutage hat sich das ja geändert, wobei ich glaube, dass auf dem Lande dies bestimmt immer noch so gehandhabt wird. Wir gingen in einer Reihe an diesem riesigen Glasfenster vorbei, hinter dem der Sarg stand und wir unsere Großmutter sehen konnten.

Ich hatte vor diesem Augenblick große Angst und wollte das eigentlich nicht. Aber ich traute mich nicht, es nicht zu tun. Dementsprechend schockiert starrte ich in ein totes Antlitz, das nicht mehr an meine Oma erinnerte. Verstehen Sie mich nicht falsch, man hatte sie wirklich ansprechend hergerichtet, aber in diesem Moment wurde mir bewusst, dass dies nur eine leblose Hülle war, die vom Leben verlassen wurde. Ich bin mir nicht mehr sicher, aber ich glaube, mir ist übel geworden. Bis dahin hatte ich noch nie einen toten Menschen gesehen. Der weitere Verlauf auf dem Friedhof ist mir weitestgehend entfallen. Ich weiß nur noch, dass wir uns alle hinterher zum Leichenschmaus getroffen hatten und dass ich das damals als absolut widerwärtig empfunden hatte. Wie kann man im Angesicht des Todes noch essen und gute Laune zeigen? Ich empfand das frevelhaft und fast pervers – Ergebnis einer christlichen Erziehung, in der der Tod nichts zu suchen hatte. Heute, nachdem ich so viele andere Kulturen kennen gelernt, mich mit dem Tod intensiv beschäftigt habe, denke ich darüber natürlich vollkommen anders.

Ein Ereignis an demselben Tag ist mir auch jetzt noch in mein Gedächtnis eingebrannt. Als wir wieder zu Hause waren, saßen wir alle noch abends im Wohnzimmer. Der Freund meiner Schwester, mein späterer Schwager, war auch dabei. Während des Abends wurde mein Vater immer blasser. Bis mein Schwager irgendwann scherzhaft fragte, ob er vielleicht ein Bier bräuchte. Dann kippte mein Vater um, der Notarzt wurde gerufen, der ihn fragte, ob etwas vorgefallen war. Als meine Mutter ihn aufklärte, dass wir gerade die Großmutter zu Grabe getragen hatten, war die Sachlage für den Arzt klar. Mein Vater hatte einfach einen Kreislaufzusammenbruch. Das Bewusstsein des großen Verlustes konnte er nicht mehr kompensieren. Damals kam mir schon der Gedanke, den Umgang mit dem Sterben und dem Tod nicht einfach zu ignorieren und dabei zu hoffen, dass dieses Thema spurlos an mir vorübergehen würde.

Neun Jahre später starb mein Großvater. Fast auf den Tag genau wie meine Großmutter. Vielleicht war es auch derselbe Tag, ich bin mir heute nicht mehr sicher. Ich lebte schon mit meiner späteren Frau zusammen. Ich hatte Grippe und lag fiebrig im Bett. Meine Freundin kam ins Schlafzimmer und sagte mir, dass mein geliebter Opa gestorben sei. Nie zuvor hatte ich so tiefe Trauer empfunden und nie zuvor hatte ich so geweint. Es war einfach völlig unerwartet. Ich konnte nicht einmal zu seiner Beerdigung gehen, weil ich so krank war. Erst später hatte ich sein Grab besucht. Allein. Ich wollte niemanden dabei haben. Er hatte sein Versprechen, nicht als Pflegefall enden zu wollen, wahr gemacht. Es war ein Schlaganfall, der ihn umgeworfen hatte. Die Diagnose war eine halbseitige Lähmung und wahrscheinlich der Verlust motorischer Fähigkeiten wie zum Beispiel auch das Sprechen. Mehr konnte man nicht sagen, weil er nicht ansprechbar gewesen war. Zwei Tage später ist er gestorben. Eigentlich war der Schlaganfall nicht unbedingt akut lebensbedrohlich gewesen, aber als ich das alles erfahren hatte, wuchs meine Verehrung ins Unendliche. Mir war vollkommen klar, dass er seinen Tod selbst herbeigeführt haben musste. So, wie er es immer gesagt hatte. Kein Pflegefall. Auch diese Gedanken behielt ich bei mir – bis heute.

Sein Tod hatte mich schwer getroffen, aber auch etwas Entscheidendes in mir ausgelöst. Ich wollte nicht noch einmal unvorbereitet vor dieser Endgültigkeit stehen. Ich wollte endlich wissen, was der Tod eigentlich ist. Was passiert mit uns, wenn wir sterben? Und was passiert mit unserem Geist, wenn unser Körper nur noch eine wertlose Hülle ist? Und warum zum Teufel spricht niemand darüber?

Der Tod meines Großvaters war der Beginn einer unerklärten Neugierde, die ich im Grunde genommen immer schon hatte und nur mit niemandem geteilt habe. Mir war damals schon klar, dass ich nur verständnisloses Kopfschütteln ernten würde, wenn ich mit jemandem über so etwas angeblich Morbides sprechen sollte. Also beließ ich es dabei, meine Nachforschungen für mich zu behalten. Ich glaube, es war eine gute Entscheidung, weil ich mir mein eigenes, verständliches Bild machen konnte, ohne dass ein Einfluss von außen dieses Bild verzerren könnte. Ich kann mich noch gut daran erinnern, als ich begann, mich mit dem Buddhismus zu beschäftigen und – naiv wie ich war – meinte, ich müsste mein Umfeld und meinen Familienkreis mit einbeziehen. Die erste Reaktion war die, dass man mir vorwarf, mich mit unsinnigem Quatsch zu beschäftigen und es besser wäre, niemanden damit zu behelligen. Ich war schockiert gewesen über die Intoleranz und der Ablehnung eines Bereichs, von dem niemand auch nur den Hauch einer Ahnung hatte. Alles, was fremd war, wurde von vornherein abgelehnt und als Nonsens deklariert. Tatsächlich wurde ich teilweise böse ermahnt, den Namen des Herrn nicht zu verunglimpfen, wenn ich es ab und zu wagte, die Lehre des Christentums und die Bibel in Zweifel zu ziehen und ihrerseits auf einen gewissen Nonsens verwies.

Ich ließ mich sowieso nicht beirren und als über die Jahre ein paar Familienmitglieder ihr Leben beenden mussten und einen langen schmerzvollen Weg dahin gingen, weil sie sich beizeiten nicht damit beschäftigen wollten, bestätigte das mir nur meinen Willen, das Thema des Sterbens und des Todes nicht zu ignorieren. Die Sterbenden konnten trotz oder gerade der vielen Medikamente wegen einfach nicht loslassen und Monate mussten vergehen, bis sie bereit waren, den letzten Schritt zu tun. Die letzten Wochen waren sie kaum mehr ansprechbar. Erst als einer in ein Hospiz verlegt werden konnte, die Medikation eingestellt wurde und die ansprechende stille Umgebung ihn zur Ruhe kommen ließ, konnte er sein sinnloses und leidvolles Festhalten aufgeben und in Frieden sterben. Für mich war das noch mehr Beweis, mich damit ernsthaft auseinander zu setzen. So wollte ich einmal nicht diese Welt verlassen. Verwirrt, ängstlich und panisch...

Der Tod meiner Großeltern war für mich ein Weckruf gewesen und hat mich gegenüber dem Leben unglaublich sensibilisiert. Ohne es sofort zu bemerken, öffnete sich mein Geist, um diesen Zusammenhang des Daseins begreifen zu können. Ich begann gleichzeitig, die christliche Lehre langsam aber sicher in realen Zweifel zu ziehen. Es beschäftigte mich sehr, warum das Thema Tod und Sterben

so ein absolutes Tabu sein musste und nur als bibelintensive Rezitation Erwähnung fand. Ich war sowieso nie der große Gläubige und ein regelmäßiger Kirchgänger schon gar nicht. Ich wurde evangelisch – meine Mutter ist streng katholisch aufgewachsen und mein Vater kam aus evangelischen Verhältnissen - erzogen und als Kind fast schon gezwungen, Sonntags den Gottesdienst zu besuchen. Ich hasste das und oft genug ging ich gar nicht hin, fuhr dafür mit meinem Fahrrad eine Stunde durch die Gegend und erzählte später auf Nachfrage irgendwas, was ich noch vom Religionsunterricht wusste. Ich war wohl recht überzeugend, weil meine Eltern, hauptsächlich meine Mutter, meine umfassenden erfundenen Ausführungen nie anzweifelten. Meine Fantasie war schon immer weit umfassend. Und ganz ehrlich ging mir der Gottesdienst im wahrsten Sinne des Wortes am Arsch vorbei. Wie alles, was man mir in meinem Leben unter Zwang auferlegen wollte.
Natürlich musste ich auch vor meiner eigenen Konfirmation in den Konfirmandenunterricht gehen. Was mir im Übrigen von Anfang an großen Spaß machte, weil unser Lehrer nicht der typische Pfarrer war, der uns nur die Bibel nahebringen wollte. Es war mehr ein spiritueller Unterricht, der mich sogar interessierte. Fragen Sie mich bitte nicht, welche Themen wir diskutierten, ich habe keinen blassen Schimmer mehr. Aber dieses freudige Gefühl, zweimal die Woche dorthin gehen zu können, dieses Gefühl kenne ich noch. Wahrscheinlich hatten auch die vielen Mädchen großen Anteil daran. Ich war vierzehn und wenn sie mich anlächelten, begann in mir etwas zu brennen, das ich bis dahin eigentlich nicht gekannt hatte.
Na, jedenfalls hatte ich nach dem Tod meines Großvaters das große Bedürfnis nach Spiritualität. Keine Kirche, kein Glauben, keine Doktrin, sondern die Suche nach geistiger Weite und Erkenntnis. Nach einem Verstehen, das ich noch

nicht in Worte fassen konnte, weil erst ein Gefühl am Entstehen war, das ich zwar in mir laut pochen hörte, aber keine Sprache dafür hatte. Ich bin heute sehr froh und dankbar, dass mir meine Frau niemals in meine Beschäftigungen hinein geredet hatte und mich einfach machen ließ. Selbst hatte sie kein großes Interesse an Spiritualität, aber sie respektierte mein tiefes Beschäftigen dafür. Wie so oft, erscheint zuerst ein imaginäres Gebilde, das eine Emotion in Gang setzt. Bis es klar ersichtlich wurde und eine wörtliche Beschreibung erfuhr, verging viel Zeit. Aber ein unumkehrbarer Anfang war gemacht. Ein Same war am Aufgehen – und ich auch.

## Erste Gedanken

Um sich ernsthaft und objektiv mit dem Sterben und dem Tod zu beschäftigen, muss man zuerst einmal lernen, das Leben wirklich zu schätzen, zu genießen und zu lieben. Die Selbstverständlichkeit, in der wir unsere Kindheit verbracht hatten, nahm langsam und schleichend ab, weil mit zunehmendem Alter auch konkrete Wünsche und Träume entstanden. Die Realität wurde uns mehr und mehr bewusst und die heimische Nestwärme transformierte sich zum Drang nach außen. Irgendwann war eben die Kindheit vorbei und es bildete sich langsam eine eigene Persönlichkeit heraus. Die enthusiastische Aufbruchstimmung der jungen Jahre bietet dazu die beste Gelegenheit. Denn alles ist ja neu, passiert das erste Mal, lässt uns jubeln, feiern, ausrasten, staunen und über alle Maßen das Leben lieben. Die großartigste Zeit meines ganzen bisherigen Lebens – welch Wunder - waren die Jahre zwischen dem sechzehnten und dem fünfundzwanzigsten Lebensjahr. Es war die Zeit des Wow-Effekts. Die ganze Welt öffnete sich wie eine gigantische riesige Türe, die das Leben in Form von gleißendem Licht hereinließ. Es war eine aufregende Entdeckungsreise, die sich im eigentlichen Sinne nie mehr wiederholen würde. Leider weiß man das als junger Mensch ja nicht. Darum habe ich immer versucht, meiner Tochter nahe zu bringen, wie wichtig diese Zeit ist und wie prägend sie für die Zukunft sein wird. Die Kindheit war ja schon wunderschön und so sagenhaft sorglos gewesen, aber die Jugendzeit und die frühe Erwachsenenzeit katapultierte uns so manches Mal in Sphären, die später nur noch selten erreicht werden würden. Zusammen mit einer mehr oder weniger lauten Rebellion gegen konservative Ansichten der Eltern und den anderen Erwachsenen traten wir an, um ein eigenes selbstbestimmtes Leben aufzurufen. Wir befanden uns in den Siebzigern und die autoritären Ansichten waren längst nicht vorbei. Menschen über dreißig waren für uns uralt und hatten verschobene Ansichten und die Generation der Eltern war für uns ein konservatives engstirniges Spießervolk, das uns junge Leute nur gängeln wollte und durch ihre fast schon kranken, konventionellen Thesen einer gehorsamen und „anständigen" Jugend jeden von uns zum spöttischen Lachen brachte. Bestimmt kennen viele diesen idiotischen Spruch: „Solange du deine Füße unter meinen Tisch stellst, hast du zu tun, was wir dir sagen…" Ich verfiel regelmäßig in einen Lachanfall, wenn mein Vater mit so etwas anfing. Das kam immer dann vor, wenn er nicht mehr weiter wusste, wie er sich durchsetzen sollte. Ich war durchaus provokant und zynisch, was vor allem meinen Vater auf die Palme brachte. Aber auch meine Mutter stand ihm in nichts nach. Sie wussten es eben nicht besser, hatten nie etwas anderes gelernt als Autorität und Strafe und wollten auch nichts anderes lernen. Aber seit den 68-er Revolten hatten sich die Zeiten eben geändert. Die Jugend begehrte auf und ich insbesondere auch. Die elterliche Generation wollte das nicht begreifen und schon gar nicht akzeptieren und bewirkten mit ihrer autoritären Art nur noch mehr Widerstand. Was meinen empfindlichen Nerv traf, der sich gegen jeglichen Zwang erhob. Es war einfach meine Art, mir einen Platz zu erkämpfen. Ich war so etwas wie ein stiller Rebell, aber wohl sehr bestimmt, wenn ich den Aussagen meiner Freunde zur damaligen Zeit Glauben schenke. Es kam soweit, dass ich zu Hause gar nichts mehr erzählte und mich weitgehend zurückzog. Meine Eltern wussten nicht mehr, wo und mit wem ich irgendwo war, sie hatten von verschiedenen Freundinnen keine Ahnung, weil ich sie nicht zu mir nahm – nur in seltenen Ausnahmen - und meinen Freundeskreis kannten sie nur noch im Kern, der schon immer bestanden hatte. Kurzum, ich begann, meine eigene Persönlichkeit zu entwickeln und konnte dabei am wenigsten die Eltern gebrauchen. Und wer brauchte die als Jugendlicher schon. Das Abenteuer Leben fand ohne sie statt und das war auch gut so.

Die unbestrittenen Hauptthemen dieser Zeit waren mit großem Abstand zu allem anderen Musik, Mädchen, Party, Fußball, Disco, Fortgehen und allzu oft Alkohol...die Reihenfolge konnte beliebig verändert werden. Schule, die Jahre der Berufsausbildung oder dann der Beruf waren – wenigstens für mich – meistens Mittel zum Zweck und das notwendige Übel, um seinem Leben ein bisschen Struktur und später die monetäre Grundlage geben zu können. Oft genug standen sowieso die Mädchen an erster Stelle, gefolgt von Musik und Fußball. Gott sei dank war der Alkohol niemals ganz oben auf dieser Liste. Ausgenommen einiger Exzesse war ich damit noch nie gefährdet. Drogen schon gar nicht – wobei...ich erinnere mich an manches Mal...ach ja, die leicht naive jugendliche Neugierde, was soll´s???

Für mich standen meine Prioritäten und insgeheime teils abstrakten Ziele immer recht sicher im Zentrum meiner Gedanken. Wie so viele wollte ich natürlich die wahre Liebe treffen. Jemanden, mit dem man alles zusammen machen konnte, jemanden, dem das eigene Vertrauen ohne Vorbehalte zu schenken wäre und jemanden, der einen bedingungslos liebt. Diese romantische Vorstellung bekam im Laufe der Zeit recht unschöne Narben, aber das war eben auch eine oftmals harte Zeit des Lernens und des Erfahrens. Enttäuschungen, Liebeskummer, Eifersucht und Ärger gehören da sehr wohl auch mit dazu. Man war schnell verliebt und schnell wieder entliebt. Man verromantisierte den allerersten Sex, der sich als nicht so romantisch herausstellte, wie das der Vorstellung entsprach. Man träumte von der Weite der Welt, obwohl weder Geld noch die Möglichkeiten bereit standen. Wir feierten, wann immer es möglich war, trafen uns auf dem Fußballplatz, in der Kneipe, auf einer Party, in der Disco und im Freibad. Selten war man alleine, der Tag und vor allem die Wochenenden waren permanent ausgefüllt. Oft kam ich nächtelang nicht nach Hause, weil Partys ausuferten und man alle selbst auferlegten Grenzen ignorierte. Man lernte Menschen kennen, fand viele sympathisch, einige unsympathisch. Hatte Streit mit Freunden und Freundinnen, vertrug sich wieder – und zwischendurch verliebte man sich wieder einmal bis über beide Ohren, um später überrascht festzustellen, dass Liebe ein sehr weitreichender Begriff ist. Aus einer Feierlaune heraus beschlossen wir eines Abends, nach St. Tropez an die Coté Azur zu fahren, packten nächsten Tages ein paar Sachen und ein Zelt ein und brachen gleich danach auf. Völlig unbedarft fuhren wir mit einem kleinen Auto zwanzig Stunden ans Meer und erlebten den weltberühmten mondänen Urlaubsort das erste Mal mit Staunen und einer ausgreifenden Lebenslust. Ein Jahr später schafften wir es sogar, mit unserer Clique zusammen die erste Flugreise anzutreten. Calella in Spanien, Zentrum von allem, was man als junger Mensch sucht und braucht. Zwei Wochen Sorglosigkeit, Enthusiasmus, Party, Disco, Strand, Mädchen, Spaß und wenig Schlaf. Es war einfach eine geile Zeit der absoluten Freiheit. Wenn ich heute über diese Zeit nachdenke, wundere ich mich über meine damalige Eigenart, die doch meinem inneren Naturell so gar nicht entsprach. Aber viele Menschen, laute Musik, Lärm und Alkohol waren einst Teil meines Lebens, das wichtig gewesen war und dem ich mich niemals entziehen wollte. Manch zurückgezogene Augenblicke nahm ich aber auch intensiv wahr, doch viel Augenmerk schenkte ich dem nicht. Trotzdem konnte ich mich treiben lassen, genoss diese Zeit mit den vielen Freunden bis in die letzte Zelle und wollte

mir gar nicht vorstellen, dass auch diese Zeit einmal zu Ende gehen würde. Über den Tod zu resümieren? Nein, nicht wirklich. Und wenn, dann vielleicht nur in den stillen Stunden, die es natürlich auch gab und die dann auch die Realität und meine Intension wieder hervorwürgten.
Doch trotz dieser wahnsinnig aufregenden Zeit des eigenen Entdeckens überkam mich immer wieder dieser Hauch von Melancholie und Sehnsucht, den ich kaum fassen konnte noch näher zu beschreiben ich in der Lage gewesen wäre. So schön und aufregend das doch alles war, so fehlte mir doch irgend etwas. Wie wenn man ein Bild malen würde und dann nach vermeintlicher Fertigstellung weiß, das ist es noch nicht. Etwas fehlt und auf den ersten Blick weiß man nicht, was es ist. Alles war so seltsam vage fragmentiert, nichts Ganzes, nur dieses Teilweise. Bruchstückhaft. Das Leben konnte doch nicht nur aus dem bestehen, das wir täglich lebten und dachten. Jeden Morgen zur selben Zeit in die Arbeit, zur selben Zeit wieder heim. Jeden Tag auf demselben Weg ans Ziel und dann denselben Weg wieder nach Hause. Am Wochenende in die Disco, auf irgendeine Party oder sonstige Treffen. Ich strebte doch nach mehr und wusste noch gar nicht genau, nach was. Heute weiß ich, dass es eine Sehnsucht nach einem allumfassenden Verstehen der eigenen Existenz und des grundsätzlichen Daseins gewesen war. Diese innere Verschwommenheit machte mich unruhig, meine pulsierenden Gedanken hörten nicht mit einem angestrebten glücklichen Leben auf, ich wollte auch wissen, was denn nach einem solchen Leben kommen würde. Nichts? Gar nichts? Ist das dann nicht der frustrierendste Gedanke, den man haben kann? Ich hatte doch einen Geist, ich hatte Gedankenströme. Ich konnte meine kleine innere Welt doch immens vergrößern, ohne dass die äußere Welt sich verändern würde. Ich suchte, überlegte, recherchierte und kaufte endlos Bücher. Ich griff nach einem unerklärten

Ziel, einer Aufgabe oder einfach einem Weg, der mir meinen eigenen absoluten Sinn erklären konnte. Und dieser Sinn hörte nicht mit dem zielgerichteten glücklichen Leben auf. Irgendwann ein Glück zu empfinden, von dem ich nicht einmal wusste, wie es auszusehen hatte, war ein Gedanke, den ich dringend detaillierter fassen musste. Ich wollte mich einfach mit dem, was ich lebte und wie ich es lebte, nicht zufrieden geben. Meine verschwommene Vorstellung umfasste so viel mehr und meine Unruhe nahm immer mehr zu, weil ich diese Vorstellung nicht scharf stellen konnte. Ich ahnte nur, dass dieses Leben nur ein Ausschnitt meines Daseins war. Aber mein Geist war längst noch nicht soweit, das Ausmaß dieser Ahnung abzuschätzen.

Ich weiß, dass jetzt jeder lauthals zu lachen anfängt, wenn er hört, welchen Anfang mein eingeschlagener Weg genommen hatte. Ich hatte über zwei Jahrzehnte Fußball im Verein gespielt. Das war wunderschön, befriedigend und richtig cool. Die Fußballgemeinschaft war wie ein zweites Zuhause. Ich glaube, ich war ein sehr guter Spieler, jedenfalls haben mir das zwei ehemalige Bundesligaspieler, die ich als Trainer hatte, mehrfach bezeugt. Aber irgendwann hatte ich diesen Enthusiasmus verloren. Ich war immer öfter verletzt und als ich mir einmal die Fußknöchel nach einem bösen Foul gebrochen hatte, überlegte ich den Ausstieg. Es begann eine ausgiebige Suche nach einem neuen Sport, den ich auch bis ins hohe Alter ausführen konnte und der nicht so körperbetont war. Ich probiere Squash, ab und an Basketball, sogar Eishockey, dann wieder Boxen und verwarf die meisten Möglichkeiten recht schnell. Paradoxerweise kam ich irgendwann irgendwie zum KungFu. Mit nicht körperbetont hatte das jetzt allerdings am wenigsten zu tun. Es war ja immerhin etwas, für das ich eigentlich niemals ein großes Interesse aufbringen konnte.

Aber mich begann zu begeistern, mit wie viel Ästhetik und Hingabe die Kampfkünstler ihren Sport betrieben. Dann war ich infiziert und wollte mehr. Wie immer eben, wenn ich dieses Magengrummeln in mir spüre. Dann weiß ich, dass ich immer mehr will – bis heute.
Kein Kampfkünstler betreibt seinen Sport, ohne wenigstens einmal mit Bruce Lee konfrontiert zu werden. Ich war da keine rühmliche Ausnahme. Ich kaufte mir alle seine Bücher über Jeet Kune Do – und war begeistert. Es war nicht einfach ein Kampfsportbuch mit den jeweiligen Übungen, es war eine philosophische Abhandlung über die Macht des Geistes über den Körper. Neben dem körperlichen Training legte Bruce Lee sehr viel Wert auf die spirituelle Übung des Geistes. Ein mentaler Aspekt war ihm dabei überaus wichtig. Das war der Beginn meiner zukünftigen Praxis. Bruce Lee brachte mich tatsächlich dazu, mich mit Meditation, Konzentration, Kontemplation, Spiritualität und Philosophie zu beschäftigen. Alles Dinge, die bei Beherrschung und bei einem fundamentalen Verstehen die Sicht auf das Leben und auf den Tod gleichermaßen vollständig verändern konnte. Von da ab irrten meine Gedanken nicht mehr wirr umher, sondern strukturierten sich und nahmen Gestalt an. Naheliegend zum KungFu war die Neugierde auf buddhistische Grundlagen und die Haltung gegenüber dem Sterben, dem Tod und auch einem erfüllenden Leben erwacht. Ich entdeckte die Metaphysik alles Seienden. Und obwohl dieser neue Pfad erst mit einem kleinen Schritt gegangen war, spürte ich etwas Großes, das ich ansteuern konnte. Etwas, das meinen eigenen Geist auf eine weitaus höhere Stufe stellen würde als ich mir das vorstellen konnte. Zumindest hatte ich in dieser Zeit dieses einmalige Gefühl, das in mir dieses Feuer und diese Leidenschaft entfachte. Zuerst war es eine kleine Flamme. Dann wurde es ein Feuer. Heute ist es Lava.

Neben meinem körperlichen Training, das nach und nach auch aus TajChi, ChiGong, ein bisschen Yoga und vor allem dem traditionellen Schwertkampf erweitert wurde, begann ich meinen Geist zu schulen und in tiefere, spirituelle Gedankengänge vorzudringen. Ohne dass ich vorhatte, dem Buddhismus anzuhängen, waren deren Anleitungen zur Schulung des Geistes aufbauend und förderlich. Ich mischte diese Unterweisungen mit Ausführungen über das Sterben und das Leben aus unterschiedlichen religiösen Ansichten. Es blieb nicht aus, dass ich mich mit den verschiedenen Glaubensrichtungen auseinandersetzen musste, um den für mich richtigen Weg zu finden. Oft genug saß ich kopfschüttelnd in meinem Sessel, wenn ich wieder einmal fragwürdige Sequenzen über den Tod lesen musste und konnte mir manches Mal nicht einmal vorstellen, wie das real auszusehen hatte. Das christliche Heilsversprechen in einem nicht näher artikulierten Paradies war da nur eine Möglichkeit von vielen. Aber Religion war nicht der eigentliche Punkt, an dem ich ansetzen wollte. Über diese Hürde war ich schon fast hinweg. Religiös zu werden und den Fokus des Geistes ausschließlich auf irgendeinen Glauben zu richten, war weder Gedanke noch Ziel. Ich suchte einen bestimmten Weg, den Tod zu verstehen und zu akzeptieren, ohne dass irgendein mächtiger Schöpfer oder sonstiges gottgleiches Wesen mir vorschreiben musste, an was ich zu glauben hatte. Das konnte und sollte nicht mein Weg sein. Es musste irgendwie anders möglich werden. Und es musste etwas sein, das mir schlüssig und einfach vorkommen sollte. Etwas, das ich auch als „normaler" Mensch nachvollziehen konnte, ohne gleich zum Gott werden zu müssen oder auf irgendwelche Glaubenssätze zu hören, die mich zu einem gehorsamen, widerspruchslosen Lamm degradierten. Immer wieder kam mir dann die Meditation in die Speichen. Die Meditation ist etwas, das in

allen Religionen und in jedem Glauben in irgendeiner Form eine ausschlaggebende Rolle spielt. Es ist die Versenkung in seinen eigenen Geist. Die Fähigkeit, jegliche Gedanken still stehen zu lassen, um nur den absoluten Augenblick in sich aufzunehmen. Der Buddhismus und der Hinduismus haben dieses Privileg nicht gepachtet. Es ist eine Praxis, die vollkommen unabhängig von jeglichem Glauben ist. Die Erkenntnisse über die reinigende Wirkung auf Körper, Geist und Seele sind unbestritten.
Nun ist es auf keinen Fall so, dass diese Erkenntnis über einen produktiven Weg dich von einem Tag auf den anderen überschüttet. Es bedarf schon einer geraumen Zeit, viel Übung und Überlegungen, um sicher zu sein, dass dies eine Lösung wäre. Wenn die Entscheidung dann gefallen ist, kann das weitere Vorgehen und die zukünftige Praxis folgen. Jetzt bräuchte ich nur noch eine gebrauchsfertige Anleitung, um etwas weiter zu führen, das ja schon längst entschieden war. Ich wusste es bis dahin nur noch nicht. Ich wusste nur, dass ich einen Weg gewählt hatte, den ich zu gehen mehr als gewillt war. Meine Neugierde war groß genug. Mein Wissen noch längst nicht. Also musste ich mir Informationen besorgen. Oder noch besser, einen Lehrer, einen Guru, einen Meister oder wie man das auch immer nennen mag.

## Der Beginn einer Reise

Um es gleich zu sagen – ich habe nie einen Mentor und Lehrer gefunden, der mich hätte anleiten können. Von einem Guru ganz zu schweigen. Das ist bis heute so und wenn ich ab und zu darüber nachdenke, warum ich nie so eine Person gefunden habe, komme ich immer wieder zurück zu mir selbst. Ich war und bin Autodidakt. Was für einen Introvertierten nicht sonderlich überraschend ist. Wahrscheinlich wäre ich sowieso unfähig gewesen, so etwas wie absolutes Vertrauen aufzubauen. Leider hat mir das Leben über die vielen Jahre hinweg immer wieder Tiefschläge versetzt, so dass ich Schwierigkeiten habe, ein tief angelegtes Misstrauen abzulegen. Dafür ist auch meine spätere philosophische Grundlagenausbildung viel zu fest etabliert. Zweifle, frage und verstehe. Aber vielleicht bin ich auch noch nicht jemandem begegnet, dem ich mein Vertrauen schenken könnte. Obwohl der Wunsch auch heute noch sehr groß ist.

Tatsächlich hatte ich einst in Bali durch viele seltsame Zufälle mehrere Unterweisungen durch einen hinduistischen Hohepriester erleben dürfen. Ein sehr charismatischer freundlicher Mensch. Er war jünger als ich - was keine Kunst war. Ich lernte ihn kennen, da war ich fast sechzig. Wir führten stundenlange Gespräche und nach unserem letzten Gespräch lud er mich ein, meinen nächsten Balibesuch über einen mehrere Monate andauernden Zeitraum zu planen. Dann würde er mich lehren und in die hinduistische Praxis einführen. Ich war ehrlich begeistert und fühlte mich sehr geehrt...und hätte das auch annehmen wollen. Leider wurde daraus bislang nichts, weil die tägliche Arbeit die Zeit gar nicht freigab und als baldiger Rentner immer wieder etwas dazwischen kommen musste.

Wie auch immer...als ich damals als junger Mann mit Begeisterung einen spirituellen Pfad einschlug, wollte ich gleichzeitig in die Welt reisen, um so viel wie möglich von verschiedenen Kulturen lernen zu können. Das Internet befand sich ja noch in einer pränatalen Phase und Google war längst noch nicht geboren. Darum blieb mir nichts anderes übrig, als mich mit Büchern einzudecken. Sie halfen mit, weiter zu denken. Es etablierte sich wie von selbst das Ziel zur größeren Gelassenheit, zu mehr geistiger Tiefe und zu fast schon philosophischen Gedankenspielen. Immer habe ich das Ganze im Blick gehabt, also ein gutes intensives bewusstes Leben, eine permanente Praxis der Meditation und ein offener Umgang mit dem Tod und der großen Frage des Danach. Diese ganzen Gedankenspiralen sollten ja Struktur bekommen, sozusagen eine gewisse Methodik, so dass die Vorstellung von einem guten Leben und einem guten Sterben grundsätzlich ein einziger ganzer Gedanke sein sollte.

Über das Leben zu resümieren ist da natürlich sehr viel leichter als über das Sterben. Wir alle haben doch eine sehr detaillierte Vorstellung von unserem Leben. Wir haben Wünsche und Sehnsüchte. Wir können Träume realisieren und wir können auf verschiedene Ziele hinarbeiten. Wir hatten doch alle Jugendträume. Auch wenn sie teilweise noch so abstrus gewesen sind – es waren Träume, schöne wunderbare Träume. Ich selbst hatte große Träume – schon in der Kindheit. Ich war noch nicht einmal zehn Jahre alt, da träumte ich schon davon, einmal eine Reise bis ans Ende der Welt anzutreten. Was bedeutete, an einen Ort zu reisen, der am weitesten von meiner Heimatstadt entfernt lag. Ich kann bis zum heutigen Tag nicht exakt erklären, warum mich dieser Gedanke immer wieder so sehr fasziniert hat. Mein wichtigstes Utensil in meinem Kinderzimmer war ein beleuchteter Globus, dem ich täglich meine Aufmerksamkeit schenkte. Ein modernes Unikum – wir befanden uns ja in den Sechzigern. Abends, wenn ich im Bett lag, schaltete ich ihn an und betrachtete die Welt. Mein Finger reiste über die Kontinente, über die Ozeane und hielt erst an, wenn er irgendwo in der südlichen Hemisphäre weit im Süden angekommen war. Ich unterlag einem fast schon krankhaften Fernweh, obwohl ich noch gar nicht wusste, dass es diesen Begriff überhaupt gibt. Aber ich erinnere mich noch gut daran, wie ich mich in Gedanken mit einem riesigen Rucksack auf dem Rücken in fremden Ländern befand und ich kann mich sogar noch daran erinnern, mit welch tollem Gefühl ich diese Bilder vor mir hatte und wie plastisch sie manchmal geworden waren. Es war abenteuerlich und frei, wahnsinnig schön und fantastisch brennend. Es war ein Tag- und Nachttraum und eigentlich habe ich als kleiner Junge nie ernsthaft gedacht, dass ich das wirklich einmal tun würde. Es war eben ein schöner, wenn auch hoffnungsvoller Traum gewesen. Später, als junger Mann, nahm dieser Traum exakte Konturen an. Kindheitsträume wurden mit einem Mal real und oft wurde ich verwundert angesehen, wenn ich große Reisepläne in die Tat umsetzte. Und noch etwas kam dazu. Meine bereits etablierte spirituelle Inbrunst gesellte sich zu meinem permanenten Reisefieber und bildete eine geschlossene Einheit. Das ist nachher auch so geblieben und heute umso mehr. Jede Reise, die ich in meinem Leben unternommen habe, unterlag einer spirituellen Basis. Alles, was ich erlebt habe, habe ich mit einer seltenen Tiefe erlebt, die meine Emotionen und meinen Enthusiasmus empor geschleudert hat wie ein Vulkanausbruch.

Ich begann, mich wirklich intensiv mit dem Buddhismus zu beschäftigen. Dessen Grundgedanke, dass ein jeder Mensch seine innere Entwicklung und damit seine aktuelle und vor allem seine zukünftige Daseinsform in seinen eigenen

Händen hält, war für mich etwas Fassbares. Etwas, das Sinn stiftete und einen möglichen Schicksalsweg über den Tod hinaus vorstellbar machte. Das Tibetische Totenbuch öffnete mir dann vollends die Augen und der Karmagedanke kreierte eine geistige Welt, die keine Grenzen mehr kennt. Ich war nicht mehr auf die Gnade eines Gottes angewiesen, sondern ich selbst war es, der die spirituellen Stufen emporklettern könnte. So weit, bis es nicht mehr nötig wäre, wiedergeboren zu werden. Das Eintreten in das Nirwana ist das absolute Ziel eines jeden Buddhisten. Es ist kein beschriebener Ort, sondern ein Zustand vollkommener Klarheit. Der Kreis der leidvollen Wiedergeburten ist zu Ende. Dann gibt es kein Leid mehr, das man als Mensch ertragen muss.

Das ist der buddhistische und auch der hinduistische Grundgedanke. Reinkarnation. Damit verbindet sich auch das unbedingte Mitgefühl gegenüber jedem Lebewesen. Mitgefühl ist der wichtigste buddhistische Aspekt. Die Achtung und der Respekt vor jedem Lebewesen ist ein Kerngedanke, der für die weitere Daseinslinie ausschlaggebend ist. In diesem ganzen buddhistischen Pantheon gilt das Sterben und damit der Tod nur als Übergang in eine neue Daseinsform. Wie dieses Dasein aussehen wird, das bestimme ich selbst mit meiner Art und Weise zu leben. Von Anfang an erschien mir das sehr plausibel und auch machbar. Der Mensch ist verantwortlich für sich selbst, für seine Umwelt, für sein Handeln und für seine empathische Entwicklung. Es geht um Frieden, Mitgefühl, Empathie und spirituelle Praxis. Es geht um das innere Wachsen, um Verständnis, Ausdauer und Hingabe. Wenn man bedenkt, jeder Mensch würde sich dieser Praxis hingeben und auch ernsthaft verfolgen, wäre die Welt ein Paradies ohne Krieg und Konflikte. Ein überaus schöner Wunschgedanke, dem die Realität gerade in unserer heutigen Zeit gewaltig den Garaus macht und manch einer aufgrund so vieler bestehender Sinnlosigkeiten dem Menschen die Spitze der Evolution abspricht.

Nachdem ich mir die Literatur über das Sterben und den Tod einverleibt hatte, spürte ich eine veränderte Sichtweise in mir wachsen. Nach und nach wurde ich mir der Vorbereitung auf einen Sterbevorgang bewusst. Man sagt ja, dass ein jeder Mensch irgendwann bewusst wahrnimmt, dass es kein Zurück mehr geben kann und dass eines Tages der Zeitpunkt kommen wird, sich zu verabschieden. Ob auf natürlichem Wege oder durch eine Krankheit, spielt hier keine Rolle. Wir sprechen hier jetzt nicht von einem plötzlichen unerwarteten Tod, der durch einen plötzlichen Unfall oder durch einen willkürlichen Gewaltakt herbeigeführt wird. Es geht um die Erwartung und das Wissen, dass es geschehen wird. Ich muss zugeben, dass mir Buddha´s Lehre und auch die Auseinandersetzung mit dem japanischen Zen dabei eine sehr große Hilfe gewesen war. Aber auch und vor allem die Wiederbeschäftigung mit dem Christentum, dem Islam, dem Judentum und sogar die indianische Mythologie waren außerordentlich interessant. Mein Interesse fokussierte sich dabei hauptsächlich auf die Sterbebegleitung und den Sterbevorgang und natürlich auf die – oftmals mageren - Thesen nach dem Tod. Die Konzentration des Geistes und eine vertrauensvolle Hingabe auf den Übergang in eine andere Welt. All diese Anleitungen waren alles andere als dunkel und fürchterlich. Es waren sanfte, oft fast zärtliche Anweisungen, auf was und wie man sich konzentrieren sollte. Es war vieles leider sehr dürftig und stellte mich kaum zufrieden. Ich muss zugeben, dass mir die meisten Weltreligionen enttäuschenderweise nur eine geradezu abstruse Vorstellung davon geben konnten. Es war vieles sehr weit entfernt von dem, was ich mir als

Mensch wünschen und auch vorstellen sollte. Ab und an fand ich dann doch Theorie und Praxis in einem nachvollziehbaren Verbund. Vor allem und hauptsächlich in den buddhistischen Abhandlungen. Aber immer betrafen diese Leitfäden einen bereits Praktizierenden. Einen Menschen, der sich mit einem möglichen Ablauf vor und während des Sterbens bereits lange beschäftigt hatte. Nicht nur ein paar Tage, sondern über viele Jahre, vorzugsweise über die meiste Zeit seines Lebens. Jemand, der davon nichts weiß und niemals etwas wissen wollte, wird seinen Geist nicht beruhigen können und somit verwirrt und furchtsam den Übergang erleben. So sollte das eben nicht geschehen.

Meine erste richtige Erfahrung mit einer kulturell fremden Bestattungszeremonie erfuhr ich auf einer ersten Reise im Jahre 1994. Ich reiste alleine nach Bali, der Insel der Götter. Es erschien mir passend, hier nach ersten Antworten und Erkenntnissen zu suchen. Die Balinesen sind ein sehr gläubiges und spirituelles Volk. Sie sind die einzigen, die entgegen dem indonesischen Islam eine andere Glaubensrichtung vertreten – sie sind Hindus. Es vergeht kein Tag, an dem nicht irgendwo ein Fest oder eine Zeremonie stattfindet. Es gibt Unmengen von Göttern, denen gehuldigt wird. Und in jeder Region, in jeder Stadt, ja, in jedem Haus hat jede Familie ihren eigenen Gott oder Göttin, denen sie tagtäglich Opfergaben darbringen und beten. Es ist wirklich wunderbar zu beobachten, wenn die Mädchen und Frauen – meist konnte ich nur sie während der morgendlichen Anbetung sehen – diese kleine Zeremonie zelebrieren. Kleine Körbchen aus Palmbast dienen als Gefäß, in dem Früchte, Blüten, Reiskörner und Räucherstäbchen angeordnet sind. Sie sind dann minutenlang so in dieser Handlung versunken, dass sie nicht ansprechbar sind und sich auch nicht stören lassen. Und eine Störung sollte man auch tunlichst unterlassen.

Es gibt etwa 20.000 Tempel auf Bali und sollte jemand wirklich einmal vorhaben, ein Jahr seines Lebens dort zu verbringen, könnte er ohne Weiteres täglich an einer Tempelzeremonie teilhaben. Bali ist eigentlich ein Muss für spirituelle Menschen. Niemals habe ich freundlichere und höflichere Menschen als dort getroffen. Jeder spricht leise, verständlich und äußerst angenehm. Bis heute habe ich noch niemanden getroffen, der sich aggressiv verhalten hat oder die Stimme erhob. Was nicht heißt, dass die Balinesen nicht auch wütend werden können, aber mir ist eben noch niemand begegnet. Ich genieße das sehr, dass Gespräche nicht laut sind wie in Europa oder in Deutschland. Es bringt Ruhe in den Alltag und es ist Teil einer unglaublich angenehmen, fast schon harmonischen Atmosphäre – ob auf der Straße, im Café, im Restaurant oder in einem Tempel. Es ist ein Menschenschlag, mit dem man gerne kommuniziert. Man wird sehr genau beobachtet, wenn man mit ihnen spricht. Sie merken sofort, wenn ein Tourist ernsthaft an ihrer Religion interessiert ist und dann öffnen sich wirklich alle Türen.

Ich hatte Jahre später das ganz große Glück, auf eine Familie zu treffen, die auch meine eigene Spiritualität und mein Interesse sofort bemerkte. Prompt nahmen sie mich zu verschiedenen Zeremonien mit und nur durch sie bekam ich die Möglichkeit einer Audienz mit dem Hohepriester. Es ist eine Ehre, die ich nicht hoch genug einstufen kann und es war eine Eintrittskarte in die Tiefen absoluter Spiritualität. Als ich zudem noch zu einer Totenverbrennung eingeladen wurde, konnte ich mein Glück kaum fassen. Ich spreche ganz bewusst von Glück, weil eine hinduistische Bestattungszeremonie nichts mit unserem heimischen Beerdigungsritual zu tun hat. Es war ein freudiges Fest, bunt, laut, mit fröhlichen Gesängen, mit Tanz und mit lachenden Gesichtern. Denn in Bali freut man sich für den Verstorbenen, dass er nun die Möglichkeit hat, eine weitere Stufe zum Nirwana oder Moksha, wie das der Hindu bezeichnet, zu erklimmen und alle beten für ihn, dass seine nächste Wiedergeburt noch schöner und intensiver sein wird als die, die er jetzt verlassen hat. Eine Verbrennung auf Bali hat nichts Morbides an sich, ich konnte keine Traurigkeit erkennen – fast nicht, zugegeben – und ich kann eine gewisse Faszination nicht verhehlen. Für mich war das aufregend und absolut neu. Und wie von selbst kommt ein Gedanke auf, seinen eigenen Tod auch so feiern zu lassen.

Bali ist ein wichtiger Bezugspunkt in meinem Leben. Nicht nur, dass ich dort Freunde gefunden habe – balinesische Freunde, sondern ich konnte auch spüren, wenn ich an besondere Orte kam, die einen hohen spirituellen Status in sich tragen. Ubud, der zentrale Künstlerort, ist so ein Platz. Man spricht ihm spirituelle Kraft zu. Ich hatte das schon bei meiner ersten Reise dorthin bemerkt. Damals war Ubud noch klein und überschaubar. Von der ersten Minute an hatte ich mich irgendwie daheim und aufgenommen gefühlt. Heute ist Ubud Anlaufstation für Künstler, Aussteiger, Weltreisender, spirituell Suchender und massenhaft Touristen aus aller Welt. Die Straßen sind permanent verstopft und das Gewusel ist absolut unglaublich. Es gibt so viele Restaurants und Bars, die ich wahrscheinlich selbst in einem Jahr Aufenthalt nicht alle kennenlernen würde. Aber...selbst ich als introvertierter Mensch, der ja Lärm in jeglicher Form verabscheut und meidet, selbst ich kann mich einfinden, ja, ich empfinde eine schon kindliche Freude und Begeisterung, mit dem Roller durch diesen chaotischen Verkehr zu manövrieren. Es ist diese spürbare Lebenslust, diese intensive Spiritualität und diese Vielfalt der vielen Menschen, die sich dort begegnen. Viele

Reisende verbringen hier wesentlich mehr Zeit als die drei Wochen, die der Normaltourist zur Verfügung hat. Ich habe Menschen aller Altersgruppen kennen gelernt. Sehr viele junge Menschen, auch viele ältere. Lauter coole Typen, denen ich mich wesentlich mehr verbunden gefühlt habe als meinen Mitmenschen zu Hause in Deutschland. Ausgesprochen stark verbunden fühle ich mich mit meinen dort lebenden Freunden, die mich in ihre Familie aufgenommen haben und mir mit Freuden ihren Alltag und auch ihre spirituelle Handhabung nahebringen. Mein Freund Yudi ist mit mir etliche Male über die Insel gefahren und wir haben sehr viel über die Gemeinsamkeiten des Buddhismus und Hinduismus gesprochen. Er hat ein unglaublich feines Gespür und sieht mich wirklich so, wie ich wirklich bin. Das ist in Deutschland eben nicht so. Hier gibt es kaum jemand, der dazu in der Lage wäre oder wenigstens die Mühe aufbringen würde, dies zu tun. Zwei bis drei Finger einer Hand würden ausreichen, die Anzahl derer, die dazu fähig sind, zahlenmäßig zu erfassen. Aber wahrscheinlich liegt´s dabei auch an mir...niemals habe ich mich mit Menschen und ihrem Glauben mehr verbunden gefühlt als auf Bali. Der Tod und das Sterben wird dort als etwas Selbstverständliches angesehen, ein Teil ihres Lebens, so wie es auch sein sollte. Darüber wird gesprochen, wie wenn wir in der Kneipe über irgendein Thema sprechen würden. Es herrscht keine Zurückhaltung und kein Tabu. Ich hatte immer den Eindruck, dass sich die Menschen freuen, wenn sie bemerken, dass ich genauso wie sie denke. Ich muss dabei bemerken, dass auch die Balinesen natürlich wie alle Menschen sehr traurig sind, wenn ein Familienmitglied oder ein guter Freund die Welt verlassen muss. Sie empfinden den Schmerz genauso wie alle anderen Menschen der Welt, aber sie gehen eben anders damit um. Die Trauer spielt sich auf einer ganz anderen Ebene ab als hier in Deutschland oder Europa.

Ich hatte eines Tages erfahren, dass es auf Bali auch einen sehenswerten größeren buddhistischen Tempel gibt. Zusammen mit meinem Freund bin ich dorthin gefahren. Weitab von den Tourismuspfaden, an den Hängen der Vulkane im Dschungel waren wir in den Morgenstunden dort. Es waren nur eine Handvoll Besucher dort und wir konnten in aller Ruhe durch das weitläufige Areal schlendern. Im Tempelinneren waren unglaublich schöne Bilder und Statuen zu bestaunen, die das Leben des Buddha darstellten. Der Stupa wurde sogar vom Dalai Lama höchstpersönlich geweiht. Yudi fragte mich nach den Darstellungen und ich erzählte ihm, was diese Sequenzen aus dem Leben des Siddharta bedeuteten. Sehr aufmerksam hatte er mir zugehört, er unterbrach mich kein einziges Mal. Ich erinnere mich sehr gerne an diesen schönen Tag, der so voller Inspiration und Freude war, den ich so intensiv genießen konnte in einer tropischen, wunderbaren, so mit wohltuender Ruhe durchzogener Umgebung.
Viele tiefgehende Erinnerungen habe ich an Bali, so auch an einen warmen, sonnigen Nachmittag, an dem ich nach der Unterredung mit dem Hohepriester mit ihm und meinem Freund zu einer Familie mitgefahren bin. Dort sollte der Hohepriester eine wichtige Zeremonie abhalten. Auf Bali ist es sehr bedeutsam, wenn junge Menschen so weit sind, ins Erwachsenenleben einzutreten. Es ist in etwa vergleichbar mit unserer Konfirmation, nur dass eben ein Balinese oder Balinesin dann auch wirklich zu den Erwachsenen gehören. Als wir dort ankamen, wurden wir herzlich begrüßt und ich als Europäer, den man mir eben ansah, neugierig und zurückhaltend begutachtet. Ich fühlte mich ein bisschen unwohl und verloren, aber alle Familienmitglieder waren

freundlich und höflich – wenn auch mit Abstand. Wir setzten uns auf die steinerne Terrasse auf die Fliesen und verfolgten die Zeremonie des Hohepriesters. Ein junger Mann und eine junge Frau waren die Hauptprotagonisten des Ganzen. Die gesamte Familie war anwesend, was mir signalisierte, dass es wirklich ausgesprochen wichtig und ernst zu nehmen war. Die beiden jungen Leute waren wunderbar festlich gekleidet, absolut wunderschön, farbenfroh und traditionell. In dem gartenähnlichen Grundstück zählte ich bestimmt weit mehr als zwanzig Menschen, die zugegen waren. Mein Freund Yudi saß neben mir und erklärte mir die wichtigsten rituellen Handlungen. Ein paar der älteren Frauen gesellten sich zu uns und fragten Yudi offensichtlich, wer ich war und warum ich mit ihm hier war. Ich verstand das Indonesisch nicht, aber als Yudi – wie er mir nachher erzählte – den Frauen sagte, dass ich praktizierender Buddhist sei und großes spirituelles Interesse am Hinduismus habe, zerfielen die eh schon freundlichen Gesichter der älteren Frauen in tausend Lachfalten. Yudi grinste über beide Ohren, als ich Hände auf meinen Schultern spürte, die mich tätschelten und klopften. Sie nahmen meine beiden Hände und drückten sie, verbeugten sich und beeilten sich, mir Kaffee und Kuchen zu bringen. Ich war wirklich wie vor den Kopf geschlagen, so überrascht war ich gewesen. Yudi sagte mir, dass ich wohl der erste Europäer für sie war, der so viel Neugierde und Interesse für die balinesische Kultur aufbrachte.

Als dann der Hohepriester die Zeremonie beendet hatte, wurde natürlich noch ein Foto geschossen. Mit der gesamten Familie und den beiden jungen Leuten mit dem Priester in der Mitte – und bevor ich noch irgendwie reagieren konnte, holte mich die ganze Familie auf den erhöhten Pavillon, damit ich auch mit auf dem Foto war. Ich versichere Ihnen, dass mir meine Freude und mein Stolz schier aus den Augen quoll. Ich wurde allein durch meine Spiritualität von vollkommen fremden Menschen akzeptiert und sofort – wenn auch nur für ein wichtiges Foto – unter ihnen aufgenommen. Das ist das Wunderschöne und das Besondere an Bali und darum liebe ich diese Insel so sehr. Ich habe schon viele Reisen dorthin unternommen und jedes Mal spüre ich dieses besondere, eigentümliche Gefühl, wenn ich ankomme. Es ist ein Gefühl unendlicher Freiheit und Gelassenheit – trotz dieses massiven Tourismusaufkommens. Seit Bali bin ich mir sicher, dass es auf der Welt noch viele solcher Kraftorte gibt und man sie spüren kann. Sie müssen nur gefunden werden, wobei sicherlich nicht jeder weiß, damit etwas anzufangen geschweige denn in der Lage ist, diese besonderen Orte in sich wahrnehmen zu können. Nicht erst seit Bali weiß ich das, aber Bali war praktisch der Übersetzer meiner bis dahin eher unverständlichen Gefühle.

Sie haben jetzt schon erkannt, dass das, was in meinem Geist im Laufe der Zeit geschehen ist, sehr eng mit dem Reisen verbunden ist. Ich habe dafür nicht viel tun müssen, es war für mich immer eine Selbstverständlichkeit gewesen, sein eigenes Bewusstsein zu öffnen, genau in dem Moment, in dem ich mein Zuhause verließ und in die Ferne reisen musste. Ja, genau, ich musste. Es war ein innerer Drang und dieser undefinierte Antrieb, immer in Bewegung sein zu müssen. Ein Heiler sagte mir einmal vor vielen Jahren, dass ich ein Zentrum der Unruhe besitze. Ob das jetzt eher negativ als positiv ist, kann ich bis heute nicht genau beurteilen. Wahrscheinlich ist es so eine Art Symbiose, die immer dafür sorgt, dass ich auf einem speziellen Weg bin. So unruhig mein Innerstes oft ist, weiß ich inzwischen, was mich beruhigen kann. Echte innere Ruhe empfinde ich tatsächlich nur, wenn ich meine Heimat verlasse und eben auf diesem besonderen Weg bin. Dann spüre ich, wie alle belastenden Gedanken, Sorgen und Probleme von mir abfallen. Vielleicht liegt das auch daran, dass ich weiß, dass niemand mich mit irgendwas behelligen kann – jedenfalls würde es dieses Phänomen erklären. Das Unterwegs-Sein bringt mich zu einem bewussten gegenwärtigen Sein. Dann geschieht alles im Augenblick, alles ist präsent und im absoluten Jetzt. Der römische Philosoph Seneca hat von der Seelenruhe gesprochen. So ähnlich ist das zu sehen. Jedenfalls geht mir das so. Ich habe auf jeder Reise gespürt, wie sich mein Geist weitet und vergrößert. Meine Aufnahmefähigkeit wächst, meine innere Ruhe stellt sich ein und gleichzeitig steigt meine Freude. Diese geistige Weite ist auch verantwortlich für manche erkenntnisreichen Momente, die ich ab und an mit voller Wucht verspüren durfte. Diese Momente kamen schnell und unerwartet, aber mit einer solchen Kraft und mit einer solchen Power, dass es mich schlichtweg umgehauen hat. Also mental, nicht körperlich. Und auch nicht im negativen Sinne, sondern im weitaus positiven. Die erste solcher Wellen traf mich während einer Reise auf die Malediven. Es war die erste Reise dorthin gewesen und somit war alles neu und fantastisch. Die dummen Warnungen, auf einer so kleinen Insel würde es doch fürchterlich langweilig werden, ignorierte ich und machte mich darüber nur noch lustig. Es war alles andere als langweilig. Dafür sorgte schon eine völlig unbekannte faszinierende Unterwasserwelt mit diesen vielen unterschiedlichen Lebewesen und einer fast schon unwirklichen Sphäre, die wie nichts auf der Welt mein Naturell widerspiegelt. Wasser ist das Element, das mich von allen Elementen am meisten einnimmt. Das war so und wird auch immer so sein. Ob das wirklich mit meinem Sternzeichen Fische zusammenhängt, lass ich einmal unkommentiert so stehen.

Die entspannenden Wochen auf der Insel brachten mich das erste Mal in meinem Leben vollständig runter und verursachten neue Gedankengänge. Wer schon einmal auf einer Koralleninsel mit wenigen Menschen Zeit verbracht hat, wird verstehen, wovon ich rede. Dieses Runter-bringen beinhaltet wesentlich mehr als nur Ruhe, Gelassenheit und absoluten Genuss. Ich nahm die Verlangsamung des Gedankenstroms wahr. Eine nie dagewesene spirituelle Kraft entfaltete sich in mir drin, die ich fast schon körperlich spürte. Und dann kam der Moment, den ich bis zu meinem Ende wohl niemals vergessen werde.

Es war Mittagszeit. Die Gäste waren entweder noch im Inselrestaurant oder hatten es sich im Sand, in der Hängematte oder im Liegestuhl bequem gemacht. Auch meine Frau und ein befreundetes Ehepaar, mit denen wir zusammen hierher gereist waren, waren zu schläfrig, ins Meer zu gehen. Der Wind war vollständig eingeschlafen und das Meer über dem Hausriff spiegelglatt. Es herrschte eine einzigartige Stille und ich beschloss zu Schnorcheln. Es war kein Mensch im Wasser, ich schwamm alleine zum Riff. An der Riffkante angekommen, spürte ich schon diesen aufwühlenden Enthusiasmus, der mich überwältigte und mir das Herz und den Geist öffnete. Ich tauchte ab und schwamm ein paar Meter in die Tiefe. Rechts das immer dunkler werdende Blau der Tiefe, links das Riff, das fast senkrecht in den Abgrund glitt. Und plötzlich, vollkommen lautlos und unerwartet, umschloss mich ein riesiger Schwarm gelbblauer Falterfische. So schön, dass es schon filmreif war. Es mussten hunderte oder gar tausende sein, eine gelbe Wand, die sich bei jeder meiner Bewegung öffnete. Sie umkreisten mich wie ein im sanften Wind bewegter Vorhang, ohne dass mich nur einer dieser Schönheiten berührte. Die Mittagssonne schien senkrecht auf die vielen Fische, die glitzerten und leuchteten, wie ich es nie zuvor gesehen hatte. Ich weiß es nicht mehr so genau, aber ich glaube, ich hielt den geistigen Atem an. Meinen normalen Atem hatte ich ja schon längst anhalten müssen. Es war einfach im wahrsten Sinne des Wortes atemberaubend. Ob es Sekunden waren oder gar Minuten, ich wünschte in diesem denkwürdigen Moment, dieser Anblick würde niemals vergehen. Dann, wie auf Kommando, drehte sich der Schwarm ab und verschwand wie ein einziger Organismus in den Weiten des Riffs. Ich tauchte auf und schnappte nach Luft, riss mir den Gummi des Schnorchels aus dem Mund und schwamm ein Stück zurück auf eine sandige Einbuchtung mitten im Hausriff, in der ich wieder stehen konnte. Ich nahm die Taucherbrille ab und starrte auf die Insel vor mir. Etwas implodierte in meinem Geist, drängte alle Grenzen nach außen in die Unendlichkeit und gab unbegrenzten Raum frei. Licht durchflutend wie ein Stern und unendlich wie das Universum. In diesem Moment war ich absolut sicher, erleuchtet worden zu sein. Alles erschien in diesem Augenblick so klar, so rein, so einfach und so perfekt. Das Leben präsentierte sich in einer leuchtenden Einzigartigkeit, die keinerlei dunklen Gedanken mehr nur den kleinsten Raum lassen würde. Die Welt war hell erleuchtet in einem gleißenden Licht, ohne irgendwelche Schranken, ohne Schmerz, ohne Leid und ohne irgendwelche Mühe. Ein innerer Freund fragte mich eindringlich, warum ich mir immer so viele Gedanken und Probleme mache, warum ich so viele Hindernisse sehe und warum mein Alltag diese gerade in diesem Moment so herrliche Sicht auf alles zunichte machen muss. Ich begriff, wie beschränkt wir alle sind, wie primitiv, wie eng und wie dumm wir das Geschenk des Lebens behandeln. Sogar die Frage nach dem Sterben und dem Tod war nicht mehr wichtig, sie war einfach eins mit allem Schönen und allem Licht, das ich empfand. Ich

spürte diesen wohligen Schauer, der mich überschüttete, ich spürte diese unbegreifliche Sanftheit des Wassers und ich spürte die Teilhabe mit der gesamten Natur. Mit einer so tiefen Bewusstheit, die mir niemals so intensiv offenbart worden war wie auf dieser kleinen Malediveninsel.
Und dann war dieser Augenblick vorbei. Wie ein Windhauch, der dich kurz streift, dich erweckt, dich streichelt und verschwindet. Dann ist dieser Augenblick einfach verschwunden. Hinterlassen hat er einen völlig losgelösten jungen Mann, der das Begreifen erst noch begreifen musste.
Von diesem Tag an war ich verändert. Nicht offensichtlich und auch nicht für andere ersichtlich. Ich hatte mich innerlich verändert. Ich wusste, dass von nun an mein Denken und mein Empfinden eine nächste Stufe erklommen hatte. Mein spiritueller Geist war unglaublich gewachsen, so dass er den frei gewordenen Raum neu füllen konnte. Viele Jahre zehrte ich von diesem Erlebnis. Bis heute habe ich nie mit jemandem darüber gesprochen. Bis heute ist mir kaum jemand begegnet, der mich und mein Erlebnis verstanden und seine Bedeutung erkannt hätte. Bis heute ist es etwas, das mich auch zu dem gemacht hat, der ich geworden bin. Im eigentlichen Sinne war diese „Erleuchtung" die Basis meiner späteren Reisen gewesen, denn nur dadurch konnte ich die vielen Erlebnisse auch in seiner subtilen Dimension der Bedeutung in mir für immer aufnehmen.

## Neugier und Wissen

Um sich Wissen anzueignen, setzt das Neugierde voraus. Wenn man wirklich aus der linearen Oberfläche abtauchen will, muss man den Grund erforschen. Einen individuellen Weg zu finden, der ohne Wenn und Aber zu einem passt, ist die große Herausforderung eines Lebens. In meinem Falle ging die Suche nach der richtigen spirituellen Praxis zuerst einmal über die wichtigsten Weltreligionen. Jede dieser Glaubensrichtungen verkündet ja, dass ihr Heilsversprechen das einzig richtige sein muss. Ich war oft froh, dass ich in einem Land lebe, in dem die Bürger selbst wählen konnten, an was sie zu glauben hatten. Das war natürlich nicht immer so gewesen. Jahrhundertelang hatte die katholische Kirche das Sagen im Land. Die Kirche war die oberste Institution, sie war das Gesetz und beinhaltete so gut wie alle Gewalten in sich. Der Klerus war das beherrschende Element und niemand war in der Lage, sich dem zu widersetzen. Außer er wollte sich der Ketzerei schuldig machen und damit seinen Tod in Kauf nehmen. Toleranz war ein nicht gebräuchlicher Begriff, der seine Bedeutung erst noch erklimmen musste.
Als im Jahre 1095 Papst Urban II. zum ersten Kreuzzug aufgerufen hatte, begann eine fast zweihundert Jahre andauernde kriegerische Auseinandersetzung mit dem Orient. Zuerst war es die Unterstützung des byzantinischen Reiches gegen die Seldschuken, dann der grausame Kampf gegen die muslimischen Reiche, um sie zurück zu drängen und den christlichen Glauben zu verteidigen. Es war eine brutale und dunkle Zeit, in der Schlachten unter dem Vorwand des Glaubens und des Kreuzes ausgefochten worden waren.

Um 1600 war auch die Hexenverfolgung auf einem Höhepunkt angekommen. Gesellschaftliche und wirtschaftliche Probleme waren mit die Auslöser, die so vielen Menschen das Leben kosten sollten. Mord und Folter im Namen des Herrn und die gnadenlose Verfolgung von Verdächtigen, die der Hexerei und Zauberei beschuldigt wurden, waren an der Tagesordnung. Aberglaube und das permanente Predigen vom Teufel und dem Bösen waren tief in die Bevölkerung eingebrannt und die Schergen der Inquisition verfolgten gnadenlos verdächtige Subjekte. Die Folter war das probate Mittel, den Satan aus den Körpern der Frauen und auch Männern zu vertreiben. Der Hexerei beschuldigte Menschen wurden gefoltert, verbrannt und gelegentlich sogar enthauptet. Nach heutigem Wissen verloren etwa 70 000 Menschen – meist Frauen – ihr Leben durch die abstruse Anschuldigung. Als letzte „Hexe" starb 1782 Anna Göldin durch das Schwert.

Sehr langsam nur konnte der Aberglaube eliminiert werden, da selbst der Papst einen Erlass herausgab, der überführte Hexen zum Tode auf dem Scheiterhaufen verurteilte. Auch wenn die spanische und auch die römische Inquisition sich teilweise gegen die Hexenverfolgung aussprach, war die Willkür der einfachen Bevölkerung durch den bestehenden tief etablierten Aberglauben oft nicht zu verhindern. Der Ablasshandel, wegen dem Luther seine Thesen an die Türe nagelte, stellt für mich die Kirche in ein noch schlechteres Licht als es eh schon gewesen war.

Die Macht der Kirche verlor sich erst sehr langsam im Laufe der Neuzeit und der späten Aufklärung. Nach der ersten Industrialisierung in der Mitte des 19. Jahrhunderts verlagerten sich die Probleme der Bevölkerung auf andere Teile des täglichen Lebens. Die Arbeitslosigkeit der Arbeiterfamilien durch die maschinellen Fertigungen spaltete die Gesellschaft noch mehr als es bis dahin weiterhin Status Quo war. Marx und Engels verfassten ihre ersten Schriften und riefen das Proletariat zur Erhebung auf. Noch war eine staatliche Sozialunterstützung in weiter Ferne und es sollten noch knapp fünfzig Jahre vergehen, bis Bismarck eine – wenn auch niedrige – Sozialversicherung einführte. Nichtsdestotrotz verstand es die katholische und auch die evangelische Kirche, ihren Einfluss weitreichend aufrecht zu erhalten. Erst in der heutigen Zeit, ungefähr in den letzten fünfzig Jahren nahm der Mitgliederbestand kontinuierlich ab. Nach dem deutschen Wirtschaftswunder und den immer sicherer werdenden finanziellen Möglichkeiten der Bevölkerung begann die Gesellschaft, ihren Lebenssinn nicht zwangsläufig im Arbeitsleben und dem christlichen Glauben zu suchen. Die Möglichkeiten weltweiter Kommunikation und der immer größer und schneller werdende Informationsaustausch ließen die Kirchenaustritte aufgrund sinkender Überzeugung in die Höhe schnellen. Und die totgeschwiegenen Skandale und Übergriffe der Kirche taten schließlich ihr Übriges für die Kirchenangehörigen, sich ohne Reue abzuwenden und nach anderen Haltegriffen zu suchen. Unwillig und unfähig, eigene grundlegende Reformen anzugehen, muss heute die katholische Kirche einen geradezu radikalen Niedergang der Gläubigenzahlen hinnehmen. Nicht einmal diese erschreckende Tatsache ist Anlass für eine längst überfällige Neuordnung, die die Menschen möglicherweise wieder zu einem christlichen Glauben zurückbringen könnte. Und es gibt dabei kaum eine Unterscheidung zwischen Katholiken und Evangelikalen. Beide Richtungen weisen denselben Trend auf.

Ich erinnere mich daran, als ich mich in den frühen Neunzigern einmal vor lauter Berufsfrust bei dem Bischöflichen Ordinariat meiner Heimatstadt beworben hatte, die einen interessanten und lukrativen Job in ihrer

Verwaltung ausgeschrieben hatten, um meinem beruflichen Fortkommen neue Wege zu erschließen. Ich bekam eine Absage. Nicht, weil ich dazu ungeeignet gewesen war...schließlich hatte ich eine Führungsposition inne. Nein, die Absage kam zustande, weil unter den verschiedenen Profilbedingungen auch und vor allem die Identifikation und die Zugehörigkeit mit der katholischen Kirche verlangt worden war. Ich war ja schon aus der Kirche ausgetreten, also war ich nicht geeignet für diese Arbeit. Die Reputation meiner Berufserfahrung und meine Führungsposition waren völlig unwichtig gewesen. Es hat mich nicht animiert, deswegen wieder in die Kirche einzutreten.

Ungeachtet dessen, was die römisch katholische Kirche über die Jahrhunderte angerichtet und zu verantworten hat, muss man ehrlicherweise auch einen wichtigen Beitrag für die Völker vor allem in Europa anerkennen. Die Kleriker waren schließlich diejenigen, die in den Klöstern und Kirchen das Schreiben und Lesen erlernt haben und dadurch Wissen und Bildung für die Bevölkerung zugänglich machten. Wir hätten keinerlei schriftliche Aussagen über die Zeit, wenn die Mönche nicht Aufzeichnungen, Geschehnisse und Veränderungen festgehalten hätten. Wir wollen auch nicht die vielen sozialen Einrichtungen vergessen oder manche Erfolge in der Medizin, die unentwegte Gläubige entdeckt und angewendet hatten. Heutzutage sind sehr viele soziale Einrichtungen unter dem Schirm des kirchlichen Trägers. Kindergärten, Schulen, Sozialstationen und Krankenhäuser verdanken ihre Existenz der Kirche. Sollte dies aufgrund mangelnder finanzieller Unterstützung wegfallen, kann sich jeder selbst ausrechnen, was das teilweise für fatale Konsequenzen nach sich ziehen könnte.

Warum aber kehren die Menschen dem Glauben den Rücken? Die Frage ist pauschal und bedarf einer detaillierteren Betrachtung. Wir müssen zwischen Kirche

und Glauben unterscheiden. Niemand braucht unbedingt die Kirche, um ein Gläubiger zu sein. Wahrscheinlich wird das auch als Grund angegeben, um aus der Kirche auszutreten oder gar nicht erst einzutreten. Die Selbstverständlichkeit, die ich aus meiner Kindheit noch kenne, dass nach der Geburt eines Kindes automatisch eine Taufe abgehalten wird, kann ich so nicht mehr erkennen. Allerdings muss auch hier unterschieden werden zwischen Land- und Stadtbevölkerung. Um es salopp zu formulieren – auf dem Lande ist der Pfarrer immer noch ein wichtiger Mann oder Frau. Ob die Gottesdienste dort besser besucht sind als in der Stadt, wage ich nicht zu beurteilen. Doch Freunde aus dem Bayerischen Wald, der weitgehend relativ ländlich geprägt ist, bestätigen mir dort den hohen Status der Kirche und des Gemeindepfarrers, der eine außerordentlich hohe Respektsperson ist.
Fakt ist sicherlich, dass die Menschen ihren Glauben verlieren. Fakt ist aber auch, dass immer mehr Menschen auf der Suche nach dem Sinn sind und sogar zu einem anderen Glauben konvertieren, um vielleicht dort das zu finden, das unsere heimische Glaubensgemeinschaft vermissen lässt. Nachdenklich darf man werden, wenn Menschen zu einem Glauben konvertieren, der ihnen in bestimmten Fällen sogar weit weniger Freiheiten lässt als es die christliche Kirche festschreibt. Trotzdem tun sie es – warum? Wie stark muss wohl ein Heilsversprechen sein, um sich einer imaginären Macht, die autoritär einen bestimmten Lebensstil befiehlt, unterzuordnen? Letztendlich komme ich nur auf die Erklärung, dass der Mensch dringend etwas benötigt, das ihm Halt und Sicherheit gibt. Selbst wenn er dadurch seine persönliche Freiheit aufgeben muss. Die Stärke des Glaubens ist das, was ihm Hoffnung und Stabilität verspricht, die unerschütterlich sein muss. Als Menschen brauchen wir alle einen Glauben. Glauben nimmt

Angst und gibt Trost. Niemand kann von sich behaupten, an nichts zu glauben. Das geht auch nicht. Wir sind Menschen, die vom Anbeginn des Denkens den Glauben als Lebensteil ansehen. Waren in alter Zeit die Naturphänomene die zürnenden Götter, ist es heute der eine Gott, der alles lenkt und den Menschen Trost und Hoffnung gibt. Selbst der Atheist kann nicht von sich sagen, dass er an nichts glaubt, denn wenn er das behauptet, dann glaubt er ja doch an etwas – nämlich an das Nichts. Ein süßes Wortspiel, das mich an den alten, aber immer humorigen Witz erinnert….nämlich wenn der Atheist sagt: „Ich bin Atheist...Gott sei Dank."

Aber zurück zum Kern der Beschäftigung mit dem Christentum. Jesus sagte, Gott würde die Toten auferwecken und am Jüngsten Tag über sie richten. Diejenigen, die im Gericht bestehen, werden eingehen zu ihres Herrn Freude. Wie diese Freude aussehen würde, darauf geht Jesus nicht besonders klar ein. Das Neue Testament sagt uns, dass wir keine Angst vor dem Tod haben müssen, im Gegenteil, wir dürfen uns darauf freuen, auf das, was uns erwartet. Es sagt uns auch, warum wir uns darauf freuen dürfen. Denn Jesus wurde gekreuzigt und starb, aber Gott hat ihn wieder erweckt. Alle, die sich an ihn halten, werden nach dem Tod von ihm wieder erweckt und folgen ihm ins ewige Leben. Allerdings findet sich in der Bibel kein eindeutiger Hinweis der Trennung von Körper und Seele. Außerdem bleibt unklar, ob ein Jüngstes Gericht auch am Jüngsten Tag stattfindet oder ob ein individuelles Urteil nach dem Tod gesprochen wird. Theologen bemühen sich seit Jahrhunderten um Klärung, ob die unsterbliche Seele sich vom Körper zu trennen hat und dass sie, vorausgesetzt, der Mensch war gläubig, in den Himmel aufsteigt. Wer jedoch sündigt, muss den Gang in die Hölle antreten. Am Jüngsten Tag wird dann die Seele wieder mit dem Körper vereinigt und Gottes Gericht entscheidet, ob man in den Himmel oder die Hölle entsendet wird. Wie dieses ewige Leben aussehen soll, darüber sagt die Bibel eben nicht sehr viel. Vielleicht ist es am Wichtigsten, dass wir nach unserem Tod nicht in ein namenloses Nichts fallen, sondern Anteil nehmen am ewigen Leben. Ohne Tränen, ohne Krankheit, ohne Schuld. Die Bibel verspricht also ein Leben nach dem Tod. Wir werden dann ´Ihm` begegnen und ins Reich Gottes eingehen.

Wir erkennen ein Heilsversprechen, das aber komplett abhängig ist von dem wahren Glauben an Gott und Jesus Christus. Ohne den Glauben kann ich also unmöglich ins Reich Gottes eintreten und das Ewige Leben leben. Andererseits sind wir aber doch alle Kinder Gottes, also stellt sich mir dann doch die Frage, warum nur die Gläubigen durch den Jüngsten Tag zu Gericht stehen werden und vielleicht ins Reich Gottes eingehen. Was ist denn mit den anderen? Was ist mit denen, die nicht gläubig sind, aber trotzdem gute Menschen? Und wie soll denn eigentlich ein ewiges Leben aussehen? Ist man dann noch menschlich oder nicht? Und wenn nicht, was sind wir dann? Vielleicht Engel? Wirklich? Wie soll ich mir das alles vorstellen?

All dies waren auch die Fragen meiner Jugend, die ich vorsichtig stellte. Ausreichend beantwortet wurden sie nie, sondern es wurde indoktriniert. Leider war dies für mich selbst nicht zufriedenstellend und gab mir auch keine befriedigenden Antworten, wie ich mich auf das Leben und somit auch auf das Sterben vorbereiten hätte sollen. Verbindet sich mit einem tiefen Glauben auch die Aussicht auf Hoffnung und den Himmel? Klar war ja immer, dass der Glaube den sprichwörtlichen Berg versetzt. Und ich bin überzeugt, dass ein gläubiger Christ mit viel Vertrauen und noch mehr Hoffnung dem Tode entgegen sehen kann. Was mich persönlich immer sehr gestört hat, war die mangelnde Beschreibung nach dem Tod und eine nebulöse Darstellung eines himmlischen Reiches. Zudem im Grunde keine vernünftige Ausführung des Sterbeprozesses. Es war einfach nicht genug, um sich damit auch ernsthaft auseinandersetzen zu wollen. Angesichts der vergangenen zweitausend Jahre des Glaubens und der vielen dunklen Zeiten, die im Namen des Glaubens und vor allem der Kirche entstanden sind, sieht das Christentum nicht unbedingt vorzeige fähig aus.

Muslime glauben an ein Leben nach dem Tod, in der Hoffnung darauf, dann auch in Gottes Nähe sein zu können. Der Tod wird als Übertritt auf eine andere Ebene des Lebens angesehen. Dabei trennt der Todesengel Izrail Körper und Seele voneinander. Die Seele dessen, der Gutes getan hat, wird von dem Engel in die sieben Himmel vor Gott gebracht. Danach gelangt sie wieder in ihren eigenen Körper, womit der Zwischenbereich – Barzach – beginnt. Die Seele eines schlechten Menschen jedoch wird vom Engel nur bis zum ersten Himmel gebracht, wo ihr der Zutritt verwehrt wird. Auch diese Seele gelangt zurück in den eigenen Körper und verweilt dort im Zwischenbereich. Danach wird die Seele des Toten vor ein Zwischengericht gestellt, wo ihr von zwei Engeln – Munkar und Nakir - Fragen bezüglich ihres Glaubens gestellt werden. Werden sie richtig beantwortet, bekommt sie die Zusage für ein Leben im Paradies nach der Auferstehung. Allerdings findet sich weder im Koran noch in maßgeblichen Überlieferungstexten eine personale Zusage der Errettung für den einzelnen Gläubigen. Nun - die Seele wird dann bis zur Zeit der allgemeinen Auferstehung, die durch das Erschallen einer Posaune – koranisch: Sur – angekündigt wird, an einem sicheren Ort aufbewahrt. Beantwortet die Seele die Fragen falsch, wird sie von den Engeln gepeinigt und ihr die Hölle in Aussicht gestellt. Am Tag des Jüngsten Gerichts werden alle Toten erweckt. Die guten und schlechten Taten eines jeden Menschen werden aufgelistet und auf eine Waage gestellt. Danach müssen alle Toten über eine Brücke gehen, die über die Hölle führt. Die Ungläubigen und Sünder stürzen in die Hölle, die anderen gelangen über die Brücke ins Paradies. Allerdings heißt es auch: „Wir glauben jedoch auch an die Barmherzigkeit Gottes, die die guten Taten zehnfach oder mehr belohnt und die schlechten Taten nur einfach bestraft. Jeder Diener Gottes kann der Strafe der Hölle entgehen, wenn er Gott aufrichtig und reuevoll um Vergebung seiner Fehltritte bittet."

Offensichtlich relativiert sich vieles im Glauben zu Gott. Wie auch im Christentum werden die Schriften verschiedentlich ausgelegt. Nirgends im Koran steht etwas über die Huris, diese 72 Jungfrauen, die auf die Märtyrer und die anderen Männer warten, die dann auf ewig eine Erektion haben werden. Hier wird ein Sprachbild angewandt, um gerade junge Muslime zu motivieren, die angeblich Ungläubigen von der Erde zu tilgen. Fundamental extremistische Züge finden oder fanden wir zumeist auch in anderen Religionen. Tatsache ist, dass auch ein gläubiger Muslim das Leben zu ehren und zu schützen hat, um vor Gott mit seinen guten Taten Einlass ins Paradies zu bekommen. Die Huris, von denen auch die Rede ist, sind die Weiblichkeit, die das zu tun haben, was der Mann von ihnen verlangt. Daher auch das für uns unverständliche Frauenbild im Islam. Dass der Status einer islamistischen Frau immer noch weit unter dem des Mannes steht, ist auf die jahrhundertelange Tradition der Hierarchie zu schulden. Anflüge von diesem Gedanken sehen wir ja auch immer noch in unserer aufgeklärten Gesellschaft, in der Frauen nach wie vor weniger als Männer im selben Job verdienen. Die fulminanten Unterschiede der Frauen in der muslimischen Welt gegenüber der westlichen Welt sind für uns vollkommen unverständlich. Noch unverständlicher ist es, wenn eine Regentschaft wie zum Beispiel in Afghanistan der weiblichen Bevölkerung alles verwehrt, was in unserem Verständnis eine Grundvoraussetzung für ein funktionierendes Leben im Miteinander darstellen muss. Dementsprechend ist dieses Land nach den fürchterlichen Kriegsjahren auch am Boden. Wenn man dem eigenen Volk die Bildung und Weiterentwicklung aus falsch verstandener Religionsauffassung verbietet, muss sich niemand mehr wundern, dass der Staat daran kläglich zugrunde gehen wird.

Trotz alledem lässt sich gleichsam in anderen arabischen Staaten sehr wohl eine Emanzipation der Frauen ausmachen. Die Schritte sind langsam und klein, aber stetig. Muslime sind gläubige Menschen, die ihren Glauben genauso ernst nehmen wie Andersgläubige. Die extremen Ausuferungen, die die fundamentalen militanten Auslegungen von fanatischen Gruppierungen darstellen, sind nicht nur auf den Islam zurück zu führen. Auch wenn die christliche Kirche heutzutage durch die Säkularisierung keine politische und gesellschaftliche Macht mehr ausüben kann, lohnt ein Blick in die Vergangenheit, um die katastrophalen und grausamen Fehler, die im Namen der Religion verübt worden waren, wieder mahnend aufschreien zu lassen. Immer noch wird unter dem Deckmantel eines Gottes oder eines Propheten Macht und Gewalt ausgeübt – und es ist zu befürchten, dass dieser Extremismus auch weiterhin das Leben in weiten Teilen der Welt beeinflussen wird.

Doch wir sehen, dass auch die Muslime – wie die Christen – an ein Eintreten ins Paradies nach dem Tode glauben. Die Bibel wie auch der Koran sind sich hierzu fast ähnlich, wenn man pauschal den Begriff eines Himmels und einer Hölle betrachtet, die, je nachdem wie ein Mensch gelebt hat, das künftige ewige Dasein bereit stellt. Und auch die Vorbereitung auf den Tod, das Sich-Auseinandersetzen damit, spielt eine Schlüsselrolle, wie damit umgegangen wird, um nicht seinen Geist und natürlich seine Seele in Panik und Angst verfallen zu lassen.

Im Judentum zählt das Ableben seit alters her zum natürlichen Lauf des Lebens. Die Präsenz im Diesseits wird beendet und zugleich wird das Ende eines Lebenszyklus dargestellt. Im Alten Testament finden sich viele Anweisungen zu Tod, Beisetzung und Trauer. So wird berichtet, dass Abraham sich zurückzog, um Sarah zu betrauern, jedoch schon bald wieder zum Alltag zurückkehrte (Gen 23,2 -3). Das jüdische Religionsgesetz leitet darauf ab, dass die Trauerzeit auf sieben Tage begrenzt wird und dass der Leichnam innerhalb von 24 Stunden beigesetzt werden muss. Bibelpassagen über das Jenseits und die körperliche Auferstehung der Toten sind indes rar. Auch im sogenannten Kaddisch, das sich zum jüdischen Trauergebet entwickelt hat, werden weder der Tod noch das Jenseits angedeutet. Grund ist, dass dieses Gebet primär den göttlichen Namen heiligt, der immer verehrt wird, selbst wenn man von schlimmen Schicksalsschlägen getroffen wird. Allerdings gibt es eine abgewandelte Variation des Kaddisch, die nur nach einem Begräbnis gesprochen wird und in der die Ankündigung enthalten ist, dass Gott die Welt erneuern und die Toten zum ewigen Leben erwecken wird.

Dass das Judentum eine Religion des Diesseits ist und dass dem Leben des Menschen im Hier und Jetzt eine wesentlich größere Bedeutung beigemessen wird als einem Dasein nach dem Tod, ist unbestritten. Folglich müssen wir das Leben in vollen Zügen genießen. Eine Ansicht, die verdeutlicht, warum es nach jüdischem Verständnis keine Vorstellung von irgendeinem Geschehen nach dem Tod oder gar von einem

Jenseits gibt. Was sich im Laufe der Zeit etablierte, waren einige Trauerbräuche, die wenigstens eine Andeutung enthielten, wie es nach dem Tod weitergehen könnte. Hierzu gehört, dass jeder jüdische Verstorbene in einem einfachen baumwollenen Leichengewand und einem einfachen Sarg aus weichem Holz bestattet wird. Die Betonung liegt darauf, dass alle Menschen vor Gott gleich sind und nach dem Tod jegliche Rückschlüsse auf die Lebensführung ohne Belang sind und letztendlich ganz verschwinden. Auch gibt es eine weit verbreitete Überlieferung, die das Thema Tod eng mit der messianischen Zeit verbindet. So sollten mit Ankunft des Messias alle Toten auferstehen und von ihm ins Land Israel geführt werden. Das jüdische Volk glaubt schon seit biblischen Zeiten an eine Totenauferstehung. Das erkennen wir an dem ausgedehnten jüdischen Friedhof, der sich am östlichen Hang des Ölbergs in Jerusalem erstreckt. Diese beigesetzten Toten sind die ersten, die in messianischer Zeit auferstehen werden, da der Messias traditionsgemäß gerade in diesem Areal die Erde betritt.

„Denn Staub bist du und zu Staub wirst du zurückkehren," erklärt, warum das Judentum die Einäscherung strikt ablehnt. Wenn der Körper willentlich durch Feuer zerstört wird, ist eine Auferstehung von den Toten unvorstellbar. Ebenso ist es verboten, ein Grab neu zu belegen oder gar einzuebnen, so dass für jüdische Grabstätten weltweit eine unbefristete Ruhefrist gilt. Auch Tätowierungen sind verboten, da der Körper nur eine Leihgabe Gottes ist und uns nur während der Zeit unseres Lebens zur Verfügung gestellt wird. Nach unserem Ableben muss der unversehrt zurück gegeben werden.

Die ´Kommende Welt` ist ein weiterer wichtiger Begriff in Bezug auf die Jenseitsvorstellungen. Nicht zu verwechseln mit der christlich verankerten Vorstellung des Ewigen Lebens. Hinter beiden Begriffen stehen Konzepte, die sehr säuberlich voneinander getrennt werden müssen. Die Weisen, die in der Zeit des 1. Jahrhunderts vor und im ersten Jahrhundert nach unserer Zeitrechnung die Vorstellung nach dem Tod prägen wollten, hatten völlig unterschiedliche Auffassungen davon. Die Pharisäer glaubten an eine körperliche Auferstehung der Toten, die Essener waren von der Unsterblichkeit der vom Körper getrennten Seele überzeugt und die Sadduzäer, die herrschende Priesterkaste, lehnte beide Vorstellungen gänzlich ab.

Wie sich die Auferstehung der Toten in messianischer Zeit vollzieht oder wie die „kommende Welt" auszusehen hat, entzieht sich jeglicher menschlichen Vorstellung. Nicht einmal in der jüdischen Traditionsliteratur ist etwas überliefert. Lediglich einer der Talmudgelehrten führt in einer Vorschau an, dass es dort weder Nahrung noch Fortpflanzung, weder Handel, Streit, Hass oder Neid geben wird.

Es ist bezeichnend, dass so gut wie alle Religionen exakte Regeln, Gesetze und Rituale überliefern, an die sich ein jeder zu halten hat – während seines irdischen Daseins. Nach dem Tod erkennen wir jedoch nichts Fassbares, keine Anleitungen und keine konkrete Vorstellung. Die Rede von einem ewigen Paradies ist schwammig und nicht greifbar. Wir müssen uns wohl eine eigene Vorstellung davon schaffen, aber hilft uns das wirklich weiter? Das Gebet in der Kirche, der Moschee oder der Synagoge beschert uns das Versenken in einen Glauben, gibt uns vielleicht Kraft, das Leben zu meistern, aber bereitet uns weder ausreichend noch hoffnungsvoll auf das Danach vor. Denn was ist mit den vielen Skeptikern und Zweiflern, die eine Religion in Frage stellen? Die Philosophen der letzten fast dreitausend Jahre haben uns doch gelehrt, den Dingen auf den absoluten Grund zu gehen. Erst wenn die Fragen ausreichend beantwortet sind, kann man zumindest für sich selbst sicher sein. Die Philosophie ist eine Möglichkeit, mehr herauszufinden – aber selbst die größten Denker der Zeitgeschichte sind an den großen Fragen gescheitert... zum Beispiel der Gottesbeweis seiner Existenz. Auch die Aufklärung konnte keine Annäherung herbeiführen. Alles wurde widerlegt und niemand war und ist in der Lage, eine schlüssige Beweisführung darzulegen.

Letztendlich frage ich mich, wozu denn auch...der Glaube an sich ist doch Beweis genug. Ob ein Schöpfer von den Menschen erdacht wurde und selbsternannte Propheten oder Messiasse dies mit Überzeugung und sprachlicher Gewandtheit den Menschen glaubhaft bewahrheiten konnten oder ob es wirklich ein Schöpferwesen geben sollte – es wird für uns nur die Rolle spielen, einen Haltepunkt und ein Regelwerk unseres Lebens und vielleicht unseres Todes erfassen zu können. Unbestritten ist der Glaube und die Überzeugung mächtig. Unbestritten ist dies auch ein Werkzeug, mit dem viel Schlimmes und Grausames in die Welt getragen worden war. Unbestritten ist gleichwohl die innere Stärke, Ausgeglichenheit und Gleichmut, die der Glaube kreieren kann. Wir leben aber in einer ganz anderen Zeit als die Menschen vor der Industrialisierung. Unsere Wahrnehmung bezieht sich nicht mehr nur auf unsere Umwelt, die als real anzusehen ist. Die globale Digitalisierung hat uns eine neue Welt erschaffen, die mehr und mehr Raum in unserem Denken und in unserer Realität einnimmt. Die sogenannten sozialen Medien, die Cyberwelt mit ihren irren neuen Welten, die Reise in eine Scheinwelt, in die Irrealität und in eine Wunschvorstellung des Lebens, verdrängt das Denken in eine Endlichkeit, die unser Geist nicht mehr real zulässt. Die Abkehr vom Glauben und die Tendenz nach einem Atheismus – den es eigentlich gar nicht gibt – liegt ja nicht nur am Unvermögen der Kirche, sich zu verändern, sondern es liegt auch an der schon perversen Möglichkeit, sich eine eigene digitale Welt erschaffen zu können. In Japan geht die Geburtenrate sprunghaft zurück. Junge Leute wollen keine Kinder mehr bekommen, weil Kinder sie in ihrer Entwicklung hemmen würden. Schenkt man den Berichten über die wahren Gründe Glauben, wird man schockiert über immer mehr junge Menschen, die sich einen Freund oder Freundin nur noch digital stricken. Sie sitzen die meiste Zeit vor dem Bildschirm und erschaffen eine Traumwelt mit imaginären Menschen. Sie sind unfähig geworden, einer anderen Person gegenüber zu sitzen und ein Gespräch zu führen. Das Erschreckende dabei ist, dass sie das auch nicht wollen und schon gar nicht vermissen. Sie sind wie Roboter, die nur noch auf detaillierte Bereiche programmiert sind.

Ich habe Japan als Beispiel hergenommen, weil gerade dort die Grenzen zwischen Tradition und Moderne so stark entgegen gesetzt sind und die Schnittmengen sich in dauernder Bewegung befinden. Im japanischen Zen finden sich vielfältige Anweisungen zu Kontemplation, zu Stille, zur Meditation und zur Erlangung von Weisheit. Die japanischen Gärten sind berühmt für ihre Gestaltung, die den Besucher einnimmt und die Seelenruhe fördert. Der Zengarten, den wir als Sand- oder Kiesfläche kennen, die jeden Tag mit voller Konzentration in einer bestimmten Art und Weise zu rechen ist, um im absoluten Hier und Jetzt zu sein, ist als Ruhepol weltbekannt. Man kann sich in einem klösterlichen Aufenthalt eine Zeit von dem geschäftigen Alltag zurückziehen, um neue Kraft zu tanken oder um sich selbst erkennen zu können. All dies hat auch und vor allem mit Ruhe und Stille zu tun. Genau so wie in unseren christlichen Kirchen. Lärm ist unerwünscht, die andächtige Stille fordert den Geist und die Seele. Lärm ist die Geißel unserer Gesellschaft. Lärm und Lautstärke machen krank.

Niemand kann dem im Alltag entgehen. Aber – wenn wir wirklich in unserem Inneren etwas ändern wollen, müssen wir diesem Lärm entfliehen. Wenn wir wirklich über das Leben und den Tod resümieren wollen, brauchen wir Ruhe. Wir brauchen die Stille. Die Stille bringt uns wieder zurück auf unser natürliches Level. Erst die Stille erlaubt uns, den permanenten Gedankenstrom zu verlangsamen und im Idealfall bewusst zu stoppen. Dann erst hat der Geist Gelegenheit, sich zu erholen, sich zu kräftigen und sich neu zu kalibrieren. Wir müssen unser Dasein völlig neu denken, neu ordnen und wir müssen der Sicht darauf eine andere Richtung geben, um wirklich und wahrhaftig im Leben zu stehen und einem Tod in irgendeiner fernen oder nahen Zukunft gelassen entgegen sehen zu können.

Vor etwa 2500 Jahren wurde im nördlichen Indien ein Mann namens Siddhartha Gautama geboren. Spross einer einflussreichen und mächtigen Familie, fehlte es ihm an nichts. Sein Vater bemühte sich, Siddhartha fern zu halten von allem Leid und allen Problemen. Doch der junge Mann, der ein reiches und sorgloses Leben führte, war schon als Baby ein besonderes Kind gewesen. Der Legende nach begann er schon bald nach seiner Geburt zu laufen und zu sprechen. Und als Heranwachsender spürte er die Sehnsucht und diese Unruhe in sich, die er nicht artikulieren konnte. Als er einmal in seiner Stadt alte und kranke Menschen sah, empfand er das erste Mal in seinem Leben uneingeschränktes Mitleid. Von da an schwor er sich, so lange zu suchen, bis er einen Weg gefunden hatte, das Leid des Lebens zu überwinden. Er verließ den heimatlichen Palast und begab sich auf Wanderschaft, die ihn letztendlich zu den Asketen führte. Doch die Geißelung des eigenen Körpers und dem Zwang unterliegen zu müssen, nur die Kasteiung und die Entbehrung wäre der einzig wahre Weg, machte ihm nach Jahren bewusst, dass dies nicht der richtige Weg sein konnte. Er erkannte, dass der einzig wahre Weg nur der Weg der Mitte sein musste, fern von allen gegensätzlichen Extremen. In dem Ort Bodhgaya erlangte er in der Meditation Erleuchtung. Er wurde zum Buddha, was soviel bedeutet wie „Der Erwachte".

Der Buddhismus verweist nicht auf ein paradiesisches Reich nach dem Tode. Er verweist im Kern nicht einmal auf einen Gott. Selbst die Buddhisten sehen ihn nicht einmal als Religion an. Es ist eine Lebens- und Daseinshaltung, ein Weg, der den Praktizierenden zu Erkenntnissen bringt und dadurch irgendwann zur Erleuchtung. Ziel eines jeden Buddhisten ist eben die Erreichung des Nirwana. Dies ist kein Reich, kein Ort und kein bestimmter Bereich, sondern es ist ein Zustand vollkommener Entspanntheit und vollkommener Weisheit. Es existiert kein Leid mehr.

Man kann sich das vielleicht so vorstellen, als ob man endlich ein Teil und im Einklang mit dem Universum ist, ohne Ursache und ohne Wirkung, ohne Grenzen und ohne hemmende oder blockierende Gedanken. Begierden und Ängste sind vollkommen verschwunden und man ruht nur noch in sich selbst. Nur das kann man im eigentlichen Sinne wohl noch als „Paradies" beschreiben, wobei das dem nur ganz entfernt entspricht. Nirwana ist im Grunde genommen nicht mit unserem begrenzten Wortschatz zu erklären.

Das Wichtigste im Buddhismus ist, dass es niemanden – außer vielleicht Buddha – gibt, den ich anzubeten habe oder den ich bitten könnte, mir die Erleuchtung geben zu können. Denn ich selbst bin es, der die Buddhaschaft in sich trägt und in seinen eigenen Händen hält. Ja, der Buddhismus befähigt alle Menschen, auch zum Buddha werden zu können. Voraussetzung ist die Praxis der Meditation, die absolute Wertstellung des Mitgefühls und die Befolgung von ganz bestimmten buddhistischen Regeln. Regeln, die, ganz grob gesagt, unseren christlichen Geboten sehr ähnlich sind. Nichts ist überraschend, geheimnisvoll oder gar abstrus. Die buddhistische Lehre zielt einzig und allein auf die Überwindung der Begierden und dadurch auch von Leid ab. Die vier Wahrheiten über das Leid und der dafür vorgesehene achtfache Pfad der Überwindung sind die Grundpfeiler des Buddhismus. Dafür gibt es einen bestimmten Weg, den ich zu gehen habe. Die Reinkarnationstheorie sorgt dafür, dass mir immer bewusst sein muss, dass mein Verhalten gegenüber anderen Lebewesen ausschlaggebend sein wird, wie meine nächste Wiedergeburt auszusehen hat. Habe ich mich in meinem Leben um meine Nächsten gekümmert? Habe ich das Leben an sich respektiert? Bin ich in meinem Inneren überzeugt, niemandem Leid zuzufügen zu wollen? Und habe ich unerschöpfliches Mitgefühl gegenüber allen Lebewesen gezeigt? Dann habe ich die Chance, meine nächste Inkarnation auf einer höheren spirituellen Stufe zu erreichen, um die Leiter weiter nach oben zu steigen, die mich letztendlich ins Nirwana führen wird. Die vielen leidvollen Wiedergeburten werden dann ein Ende haben, der Kreis wird durchbrochen sein.

Man kann sich leicht vorstellen, wie schwer so ein Weg in der Schnelllebigkeit unserer Gesellschaft sein kann. In einem so dicht besiedelten Land wie Deutschland ist es doch schon eine Kunst, einen Ort der Stille zu finden. Selbst in den Bergen sind wir nicht ganz allein, die Zivilisation ist überall in kürzester Zeit erreichbar und holt uns ganz schnell wieder ein. Trotzdem finden sich diese stillen Nischen, wenn man nur genau sucht. Selbst zu Hause – oder vielleicht gerade dort – kann ich mich zurückziehen, kann mich einer meditativen Praxis widmen oder mir die Zeit zur inneren Einkehr nehmen. Es gibt tausend Wege, beginnen werden sie alle mit dem ersten Schritt.

## Abkehr von Traditionen

Was sind Traditionen? Welche sind hilfreich und welche sind vollkommen überflüssig? Wann kann ich darauf verzichten und wann sind sie unersetzlich?

Es ist schwierig. Ständig sind wir hin- und hergerissen zwischen dem, was ist und dem, was sein könnte. Manche Dinge wollen wir verändern und manche Dinge sollen so bleiben, wie sie sind. Wir merken gar nicht, dass sich sowieso ständig alles um uns herum verändert. Sei es technisch, medial, politisch, wirtschaftlich oder sozial.

Die Corona-Krise hat uns gezeigt, wie abrupt eine vermeintlich sichere Welt zusammenstürzen kann. Das, was einst gültig gewesen war, hatte plötzlich keinerlei Wert mehr. Das Ausgehverbot hat uns eine Freiheit entzogen, die doch unangreifbar sein sollte. Eine uns inne wohnende Selbstverständlichkeit war plötzlich keine mehr. Geschäfte durften nicht mehr öffnen und die kommunikativen persönlichen Räume wurden verboten. Unsere gewohnte Welt ist von einem Tag auf den anderen zusammen gebrochen und wir konnten so gut wie nichts dagegen tun.

Wie immer, wenn Bürgern Grundrechte eingeschränkt werden, entstehen Widerstände und ernsthafte Konsequenzen. Es bildete sich eine Wand aus Ungehorsam. Eine streitbare Widerstandswand, die sich nicht nur gegen den Staat und einer vermeintlichen Willkür wandte, sondern auch gegen Andersdenkende. Bürgerkriege entstehen so, militante Gruppen bilden sich, Menschen radikalisieren sich und gewaltbereite Auswüchse gefährden die öffentliche Ordnung und Sicherheit. Die Wut und der Ärger der Menschen braucht ein Ventil und wenn man die Regierenden nicht einschüchtern kann, entlädt sich diese Wut oft genug an denjenigen, die eben eine andere Meinung haben. Das ist leichter, Diskutieren ist unnötig, weil der andere sowieso im Unrecht ist und die großartige Toleranz, die vor allem in Deutschland permanent proklamiert wird, löst sich in sekundenschnelle ins Nichts auf.

Wir hatten eine neue Ausnahmesituation zu verarbeiten. Plötzlich war unsere Freiheit nicht mehr selbstverständlich, plötzlich wurden wir mit Maßnahmen eingeschränkt, dessen Auswirkungen kaum jemand vorausgesehen hatte. Schulen, Kitas und Universitäten wurden geschlossen. In Krankenhäusern, Alten- und Pflegeheimen herrschten katastrophale Zustände und tausende Geschäfte sahen sich auf einmal vor dem wirtschaftlichen Zusammenbruch. Die Staatsregierung reagierte panisch und irrational. Unternehmen mussten Kurzarbeit anmelden und Mitarbeiter wurden entlassen. Kurz gesagt, es herrschte teilweise ein echtes wahnwitziges Chaos, in dem niemand mehr wusste, was richtig oder falsch war. Und da jedes Chaos seine Opfer hinterlässt, war auch die Pandemie ein Aufschrei derer, die niemand hören kann und will. Kinder und Jugendliche, Schüler und Studenten haben bis heute psychische Probleme, die die Isolation bei ihnen hinterlassen hat. Long Covid wird heute immer noch belächelt und auf psychische Instabilität geschoben. Heute weiß man, dass vieles vollkommen unnötig und absolut überzogen war und wahrscheinlich die schwedische Lösung die bessere gewesen wäre. Aber hinterher ist man ja immer schlauer. Nur hilft das den Betroffenen überhaupt nicht, ja, schlimmer noch, sie werden weitgehend mit ihrem Trauma im Stich gelassen.

Was sagt uns dieses markante Beispiel, das das erste Mal seit Ende des zweiten Weltkriegs die ganze Welt betroffen hatte? Es sagt etwas über das Zurücklehnen aus, etwas über fatale Unfähigkeit und mangelnde Vorbereitung. Es sagt auch etwas über Intelligenz und Voraussicht aus. Man hatte wirklich den Eindruck von der Politik, dass sie lieber einen gefährlichen unüberlegten Schritt gehen, als überhaupt nichts zu tun. Lieber etwas ganz Falsches als gar nichts. So wirr und überfordert die Regierung reagiert hatte, so wirr haben auch die Menschen auf der Straße reagiert. Ängstlich, hysterisch und aggressiv. Ich habe einmal darüber einen überaus treffenden Satz in einem Film gehört. „Ein einzelner Mensch ist intelligent. Viele Menschen sind ein Haufen dummer und primitiver Idioten."

Was bedeutet, dass ein einzelner Mensch eher in der Lage ist, nachzudenken und eine logische Schlussfolgerung zu ziehen und viele Menschen eher dazu bereit sind, einigen Schreiern unkommentiert zu folgen. Was die Pandemie und ihre gesellschaftlichen Auswirkungen ja zweifellos bewiesen hat. Und das betrifft gleichermaßen die, die anordnen genauso wie die, die sich auflehnen. Die Pandemie war die Plattform für die Verschwörungsfanatiker sowie der rechten und linken politischen Szene. Teilweise völlig abstruse Behauptungen rasten durch das Netz und Aufrufe zum gewalttätigen Widerstand ließ die Bevölkerung erschrocken innehalten. Manch ein besorgter Bürger hegte dann doch die Theorie, dass die Natur der Menschheit einen Schuss vor den Bug setzte, um endlich die Welt zum Nachdenken gegenüber des Schutzes unser aller Ressourcen zu bewegen. Wie wir heute – wieder einmal – wissen, interessiert unsere Umwelt und den damit verbundenen Raubbau und Ausbeutung kaum jemand wirklich. Die Luftverschmutzung und die damit weltweit steigende Temperatur steigt weiter, die Verbrennerautos sind noch mehr gefragt, die Regenwälder werden noch schneller vernichtet als bislang, die Böden werden überdüngt und mit Pestiziden und Herbiziden unbrauchbar gemacht und mit dem Stilllegen der Atomkraftwerke hat man wieder die Kohlekraftwerke hochgefahren. Alles Belege dafür, wie

dumm und uneinsichtig der Mensch ist und wohl erst begreift, was er getan hat, wenn er am Abgrund steht und der Kipppunkt bereits überschritten und er damit im Fallen ist.
Sicherlich alles ein Grund mehr, das eigene Bewusstsein aufmerksamer zu machen. Nicht nur auf seine Umwelt oder sein privates Umfeld, sondern auch und besonders für sich selbst. Es erscheint schon paradox, dass man durch eine Pandemie zwangsweise zur Ruhe verdonnert wird – auch noch per Gesetz. Eigentlich wäre das doch die Gelegenheit gewesen, einmal völlig in sich gehen zu können und sich endlich einmal um andere Dinge zu kümmern. Zum Beispiel um sich selbst, seinen Geist und seine Seele oder sich mit Yoga, Meditation und Kontemplation zu beschäftigen. Sich einfach einmal der Ruhe und der Stille hingeben zu können. Etwas, für das wir niemals Zeit oder gar Muße hätten. Zumindest nicht, was den Großteil der Bevölkerung angeht.
In dem besonderen Falle der Pandemie und seiner autoritären Anordnungen war Ruhe und Stille kontraproduktiv, weil es in extreme Bereiche abgedriftet ist. Was schon Aristoteles und Buddha in ihren Lehren zu einem Herzstück haben werden lassen, soll der Mensch alle gegensätzlichen Extreme meiden und sich auf den Weg der Mitte begeben. Denn nur dort ist er in der Lage, den richtigen Weg in seiner ganzen Bandbreite zu begreifen. Leider konnte kaum jemand während der Coronazeit diese Ausnahmesituation dafür nutzen, weil es einfach viel zu viele Beschränkungen waren, die den Alltag völlig durcheinander wirbelten. Zu viele Menschen waren damit beschäftigt, ihre Existenz aufrecht zu erhalten und viel zu viele konnten mit der vielen plötzlichen freien Zeit nichts mehr anfangen. Willst du einen Menschen unsicher machen, dann nimm ihm den täglich sich wiederholenden Ablauf. Schon ist er völlig überfordert, weil Sicherheit und geregelte

Sequenzen verschwunden sind. Statt Ruhe und Stille wurde Aggression, Gewalt und Unsicherheit geboren. Womit wir ja schon in unserer gar menschlichen Tradition sind. Der Mensch braucht einen geregelten Tagesablauf. In unserer Gesellschaft heißt das Arbeit, Familie, Kinder und die daraus resultierenden Aufgaben. Im Regelfall heißt das für die allermeisten frühmorgens aufstehen, fertigmachen für die Arbeit und abends wieder nach Hause. Dann wartet vielleicht eine Familie, die Kinder, Hausaufgaben, Hausarbeit, Sport und und und...
Seit jeher besteht unser Dasein aus Arbeit – wenn es gut läuft, dann ist es regelmäßige Arbeit, für die wir am Monatsende entlohnt werden und unseren Lebensunterhalt bestreiten können. Neben dieser Arbeit wachsen wir auch unter besonderen Umständen in dieser Gesellschaft auf. Wir haben Regeln und Gesetze, wir haben Rechte und Pflichten, wir haben Religionsfreiheit, Pressefreiheit, Meinungsfreiheit und das Grundgesetz gibt uns die Freiheit unserer eigenen Persönlichkeit. Paragraph 1 des Grundgesetzes schützt die Würde eines jeden. Dieser Paragraph ist unabänderlich und festgeschrieben. Es gibt 19 dieser Grundgesetzparagraphen, die nicht geändert werden können. Wir haben eine Geschichte, die viele Jahrhunderte zurückreicht. Mit dieser Geschichte gehen etliche Traditionen einher, die teilweise bis in unsere heutige Zeit aufrechterhalten werden. Grundlage dafür ist vor allen Dingen das Deutsche Grundgesetz. Aber auch die regionalen Traditionen in den Bundesländern haben schon seit langem Bestand. Wir pflegen die traditionellen Feste, haben eine besondere Esskultur, wir haben viele der wichtigsten Denker der Welt hervorgebracht. Die klassischen Komponisten werden in aller Welt immer noch mit Begeisterung gehört und Kunst und Erfindungsgeist geben sich in Europa und in Deutschland die Hände.

Wir haben auch eine weit zurückreichende Bestattungs- und Beisetzungstradition, die nunmehr langsam aber sicher anderen Bestattungsformen Platz machen muss. Der traditionsreiche Friedhof mit seinen Gräbern und den Särgen erfährt eine schleichende Veränderung. Neben den Gräbern mit den monumentalen Grabsteinen entstehen immer mehr Urnengräber. Mauernischen, in denen die Verstorbenen aufbewahrt werden, nachdem sie verbrannt worden waren. Die Asche wird in einer Urne in eine Öffnung der Mauer geschoben. Immer mehr Menschen entscheiden sich für eine Verbrennung, nicht nur, um ein teures traditionelles Grab und die zugehörige Grabpflege zu umgehen, sondern auch, um den Hinterbliebenen die Verpflichtung zu nehmen, sich regelmäßig um eine adäquate Grabpflege kümmern zu müssen. Selbst ein Waldfriedhof wird von immer mehr Kommunen freigegeben, um seine Asche dort zur letzten Ruhe betten zu können. In der Schweiz besteht sogar die Möglichkeit, die Asche des Verstorbenen auf einem Berg, einem Hochtal oder auf einer Wiese zu verstreuen und manches Beerdigungsinstitut gibt den Hinterbliebenen auf Wunsch eine kleine Urne mit der Asche darin mit, um vielleicht mit einem besonderen persönlichen Abschiedsritual die Asche im Meer, in einem Fluss oder in einem See zu verstreuen.

Mittlerweile ist sicherlich diese Tradition unserer Beisetzungsrituale weitgehend aufgebrochen und das heißen sehr viele Menschen für gut. Es ist nicht mehr so, dass selbst noch im Tode dem Menschen seinem eigenen persönlichen Willen nicht entsprochen wird, weil ein veraltetes Gesetz und das Gesetz der Kirche das will.

Als die Mutter meines Kindes überraschend und unerwartet verstorben ist, bin ich mit meiner Tochter und Teile der Asche an die irische Westküste gereist. Wir haben uns einen weitläufigen Strand gesucht und die Asche in einem nur für uns besonderen Ritual dem Atlantik übergeben. Der Golfstrom würde sie dann mitnehmen auf eine Reise um die Welt. So viel ich noch weiß, braucht der Golfstrom dafür etwa ein Jahr. Für uns war das ein überaus tröstender Abschluss, den wir wahrscheinlich mit einem traditionellen Grab nicht so intensiv hätten aufnehmen können. Der Rest der Asche liegt in einer Urne auf einem uns naheliegenden Friedhof. Vor dreißig Jahren wäre das höchstwahrscheinlich nicht möglich gewesen.

Das Verändern dieser alten Tradition löst auch ein Verändern seiner eigenen Sichtweise aus. Das Trauerreglement, das über Jahrhunderte die Kirche aufgestellt hatte, macht Platz für Alternativen. Eine Trauerrede wird nicht mehr unbedingt von einem Priester oder einem Pfarrer abgehalten, auch Verwandte und Freunde, vielleicht sehr Nahestehende oder sogar die Kinder können vor die Trauergemeinde treten und sprechen. Gut ist, was sich der Verstorbene gewünscht hat. Gut ist, wenn die Hinterbliebenen rechtzeitig zusammen mit dem Verstorbenen festlegen, was wichtig sein soll. Schließlich ist das der letzte Akt im Leben, auch wenn dieser Akt von anderen vollzogen wird.

Es fällt uns ja immer noch sehr schwer, mit einem Menschen, der dem Tode geweiht ist, darüber zu sprechen. Das ist bedauerlich, denn ich bin sicher, dass gerade das Gespräch zwischen dem Sterbenden und einem ihm Nahestehenden viel Trost geben und viel Angst nehmen kann. Natürlich müssen dabei beide über einen mächtigen Schatten springen, aber wenn dieser Sprung getan ist, kann es nur gut sein. Für den, der stirbt, aber auch für den, der ihn begleitet.

Im tibetischen Buddhismus ist es schon immer Tradition, dass ein Sterbender eine Sterbebegleitung bekommt. Meist ist das ein hoher Lama oder zumindest ein Mönch, der die Sterberituale vollziehen kann. Denn es ist für einen

Buddhisten überaus wichtig, ohne Angst dem Tod zu begegnen, weil dann das Verweilen im Bardo – im Zwischenzustand – nicht verwirrend ist und sich der Geist auf seine nächste Wiedergeburt zentrieren kann. Wahrscheinlich müssen wir diese Methode erst noch ausgiebig lernen, bevor wir mit einem Sterbenden in ein Gespräch geführt werden. Es wäre auf jeden Fall ein Schritt in die richtige Richtung.

## Das Neue

Richtungsweisend sollte das auch sein, wenn wir selbst betroffen sind. Wie schon erwähnt, kann es dann schon zu spät sein, wenn wir uns mit dem Sterben und dem Tod bis dahin überhaupt nicht beschäftigt haben, weil wir dem mit Ignoranz begegnet waren.

Die Vorstellung, mit einem Male nicht mehr im Leben existent zu sein, ist zum einen äußerst schockierend und erschreckend, aber zum anderen auch ein Anfang für ein neues Denken. Denn wir müssen eine Welt imaginieren, von der wir doch gar nichts wissen und wahrscheinlich lange Zeit auch nichts haben wissen wollen. Nun besitzen wir alle eine gewisse Vorstellungskraft – manche mehr und manche weniger. Manchen ist das zu anstrengend, sich etwas nicht Sichtbares vorzustellen und dann gibt es wieder diejenigen, die ganz leicht eine nach ihren eigenen Bildern bestehende fremde Welt in ihren Geist rufen können. Ob schwirig oder nicht, wenn der Gedanke schon reift, sollte man ihn nicht beiseite schieben, denn aus einem kleinen Lichtpunkt wird bald etwas Greifbares und Helles entstehen. Etwas, das nur wir selbst kreieren können. Es muss weder etwas Dunkles noch Schreckliches sein. Unser Geist hat die Macht, das Licht als die beherrschende Grundlage für eine neue Welt formen zu lassen. Das Licht stellt die Hoffnung dar, nimmt eine unterschwellige Angst und verbreitet Vertrauen und Sicherheit. Stellen Sie sich einfach einen Flug über die Wolken vor. Wir können den tiefblauen Himmel sehen, der weder schemenhaft noch verschleiert erscheint. Über den Wolken ist der Himmel so klar wie das Wasser eines Bergsees. Wir sehen bis auf den Grund, können jedes einzelne noch so kleine Steinchen erkennen. Mit dieser klaren Sicht ist es genauso wie mit dem Geist. Irgendwann können wir die ganze Welt klar sehen. Wir können alles ohne Beschränkungen wahrnehmen und nichts und niemand verstellt uns den unendlich weiten Blick. Die Wolken symbolisieren hier nur, dass wir nicht mehr fallen können und sie in diesem seltenen Falle uns so sanft auffangen, als wenn wir uns in einen Berg Daunenfedern sinken lassen würden. Die Welt unter den Wolken wird keine Rolle mehr spielen und uns nicht mehr festhalten in einem irdischen Leid, dem niemand entkommen kann, solange er im Leben steht. Wenn wir uns auf diese neue Welt fokussieren können, wenn dieses Bild unser Geist abspeichert und wir jederzeit Zugriff darauf haben können, dann ist schon ein Anfang gemacht, denn die Verwirrtheit und die Angst eines nahenden Sterbens verliert seine Macht im Angesicht unendlichen Vertrauens.

Viele Milliarden Menschen sind schon gestorben, seit es unsere Spezies geschafft hat, den Planeten zu erobern. Und es werden noch Millionen und Abermillionen Menschen sterben. Das ist die Natur des Lebens. Immerwährend, zyklisch und unabänderbar. Wenn wir diesen Kreis des Lebens und des Sterbens bewusst aufnehmen und akzeptieren, denn haben wir bereits den wichtigsten Schritt getan, um die Intensität des Lebens und auch des Sterbens ins Unermessliche steigern zu können. Es kann nur das Ziel sein, unsere Aufmerksamkeit und unsere Wahrnehmung so zu sensibilisieren, dass unsere individuelle Sicht darauf so viel Raum einnehmen kann wie möglich. Die Motivation dazu ist einfach und eindringlich. Ein jeder Mensch möchte glücklich leben. Wir tun alles, um Glück zu empfinden. Niemand kann uns dazu anleiten, weil ein persönliches Glücksempfinden von so vielen Dingen und Gegebenheiten abhängig ist, das in höchstem Maße persönlich, intim und absolut individuell sein muss. Vielleicht gibt es ein paar

Methoden, mit denen man verschiedene Wege einschlagen kann, aber es bleibt immer sehr persönlich.

Wenn ich an einem einsamen Strand am Meer sitze und dabei Glück empfinde, bedeutet dieser Augenblick längst nicht, dass ein anderer dasselbe Empfinden hat. Vielleicht empfindet er sein Glück auf dem Gipfel eines Berges oder an einem besonderen Ort des Glaubens. Manche empfinden ihr Glück in ihrer Hingabe für ihren Job und manch einer ist überaus glücklich, wenn er ein Bild gemalt hat und sich über seinen Erfolg freut. Viele empfinden ihr Glück in der Liebe oder in der Familie. Ich kann das Glück sehr wohl verstehen, wenn die eigenen Kinder sich zu einer Person entwickeln, die man ihnen von ganzem Herzen gewünscht hat. Es ist eben so eine komische Sache mit dem Glück. Wir müssen selbst herausfinden, was uns glücklich, euphorisch und sinnstiftend macht. Glück hat ja immer etwas mit Sinn zu tun. Es ist die Großartigkeit dieser Vielfalt, die mich wieder und wieder aufs Neue überrascht und neugierig macht.

Sicherlich haben auch Sie schon einmal diesen Moment erlebt, wenn man intensives Glück empfindet. Die Welt wird plötzlich größer und tiefer, Probleme und Sorgen verschwinden und eine sanfte Welle des Positiven und dieser subtilen Seelenruhe überschüttet den Körper. Man will diesen Augenblick nicht loslassen und hofft, dass er ewig anhalten würde. Je nachdem, wie heftig ein Glücksmoment ist, wird er kürzer oder vielleicht länger anhalten. Wir spüren das am Eindrucksvollsten, wenn wir verliebt sind. Die Gedanken verweilen nur noch bei dem Partner, wir vermissen jede Minute, die wir nicht mit ihm/ihr zusammen sein können. Nichts ist mehr wichtig, Sorgen nehmen nur noch einen kleinen Raum ein und Belastendes verliert seine Wucht. Im Zusammensein verlieren wir sogar den Bezug zur unmittelbaren Realität,

weil der Körper so viel Dopamin ausschüttet. Das Handeln kann sogar irrational werden und vor Glück könnten wir tanzen, singen und schreien. Auf der einen Seite wird unsere Umwelt schemenhaft und unscharf und auf der anderen Seite weitet sich unsere innere Welt ins Unendliche. Wir sind fähig, die Welt aus den Angeln zu heben und spüren das Leben, das sich so mächtig und sinnstiftend offenbart.
Diese emotionale Leidenschaft und Obsession verliert sich in der Regel nach ein paar Wochen oder Monaten. Im besten Fall entsteht daraus wahre Liebe und im Nachgang eine Partnerschaft, die vielleicht bis ans Lebensende anhält. Das Glück verändert sich und etabliert sich zu einem anderen, dauerhaften Glücklichsein. Dieses Glück ist anders, denn es ist kein Moment, der so explosiv sein kann, es ist mehr eine anspruchsvolle Zufriedenheit und ein Ruhen in Zuversicht, Sicherheit und Zugehörigkeit. Man ist glücklich - aber eben anders. Es ist nicht mehr dieser Wow-Effekt, sondern etwas Stabiles, das Bestand hat und das man auch nicht mehr missen möchte. Es ist wie der Unterschied zwischen einer brechenden Welle am Strand und einer sanften Dünung, wenn man den Wind in den Segeln spürt und ein leichtes Auf- und Ab das Einssein mit den Elementen bedeutet.
Ich habe den Glücksmoment des Verliebtseins hergenommen, weil dies mit die intensivsten Momente sind, denen wir absolutes Glück zuschreiben. Bedeutsam ist die Erfahrung einer sich verändernden inneren Weltsicht, deren Raum so plötzlich ins Unendliche abdriftet. Die meisten haben – so hoffe ich – diesen Moment schon einmal erlebt und diesen riesigen Raum bewusst wahrgenommen. Dieses persönliche Universum ist genau das, auf was auch eine Meditationspraxis abzielt. Einen Raum zu vergrößern, der zwar in uns bereits besteht, aber so klein ist, dass er uns nicht viel Möglichkeiten für Neues geben kann. Oder anders etwas plastisch dargestellt...eine nachvollziehbare

Definition, was Meditation im eigentlichen Sinne zu bedeuten hat, ist die Fähigkeit, einen Gedanken, der sich einschleicht, zu Ende zu denken. Bevor sich der nächste Gedanke ausbreitet, entsteht eine winzige Lücke des Nichtdenkens. Diese Lücke entspricht der Meditation. Und Ziel der Meditation ist es, diese Lücke zu erweitern und zu vergrößern. Wer dies einmal geschafft hat, versteht den Zusammenhang zwischen diesem Raum, den der Glücksmoment erschafft und dem Raum der Meditation. Etwas abstrakt kann man eine imaginäre Verbindung herstellen. Aus dem Nichtdenken wird eine Imagination, die stillsteht. Es entsteht eine Form der Leere. Und diese Leere wird wiederum zur Form. Im Buddhismus nennt man das Shunjata – die Leerheit.

Ich habe anfangs über meine Bewunderung meines Großvaters gesprochen, der meiner Überzeugung nach bewusst im Zustand der geistigen Tiefe seinen Tod dadurch selbst herbeiführen konnte. Herausragende Lamas und praktizierende Buddhisten können ihren spirituellen Status so vehement steigern, dass sie in der Lage sind, während der tiefen Meditation vom Leben in den Tod gehen zu können. Die Meisterschaft des Meditierens befähigt sie, ganz bewusst die Macht über die Lebensfunktionen beeinflussen zu können. Es gibt bestimmt viele solcher Beispiele, die aus medizinischer und wissenschaftlicher Sicht nicht nachvollziehbar und schlüssig erklärbar sind. Einer dieser seltsamen Geschichten passierte in meinem engeren Bekanntenkreis. Die Mutter eines guten Freundes, weder schwer krank noch bettlägerig, begab sich eines Morgens zu ihren üblichen Einkäufen. Sie betrat eine Handvoll Läden, die sie regelmäßig aufsuchte und deren Besitzer sie über die vielen Jahrzehnte persönlich kannte. Sie verabschiedete sich von jedem Einzelnen, ohne einen besonderen Grund dabei anzugeben. Sie und ihr Mann wohnten ihr ganzes Leben in demselben Haus in derselben Wohnung. Am Abend ist sie zusammengebrochen und wurde ins Krankenhaus gefahren. Dort ist sie gestorben. Wie gesagt, sie war alt, aber nicht todkrank. Vielleicht erachtete sie ihre Zeit als gekommen, niemand weiß das und es wird auch niemand jemals erfahren. Das einzige Leiden war ihr Herz gewesen, aber nichts deutete darauf hin, dass es genau an diesem seltsamen Tag die Arbeit einstellen würde. Was ich damit sagen will, ist, dass es nach wie vor Dinge gibt, die wir weder verstehen noch erklären können.

Wir können zum Beispiel auch nicht erklären, wie die Shaolinmönche es schaffen, solch ungewöhnliche Meisterleistungen mit ihrem Körper und ihrem Geist machen zu können. Mit Wärmebildkameras konnte man zumindest nachvollziehen, in welchen Gehirnarealen in den Momenten der Konzentration große Aktivität stattfindet. Aber das geht natürlich nicht so ohne Weiteres. Die Mönche sind einfach fähig, durch ihr tägliches Training die Energie zu bündeln und sich auf einen bestimmten Bereich im Körper zu fokussieren. Und das mit einer beispiellosen Intensität. So ähnlich verhält es sich in der Meditation. Bei sehr viel Übung ist unser Geist fähig, so viel Macht über den Körper zu erlangen, dass er die Abläufe beeinflussen kann. Angesichts dessen, dass wir normalerweise kaum in der Lage sind, mehr als etwa zehn Prozent unseres geistigen Potentials zu nutzen, sollte das sehr überraschen. Möglicherweise ist der Geist gerade dann zu Höchstleistungen fähig, wenn er nicht denkt. Vielleicht gibt es Menschen, die diese Fähigkeit bei weitem überschreiten können.

Doch wir müssen wirklich kein Shaolin-Mönch sein, um bestimmte Fähigkeiten erwerben zu können. Wir müssen auch nicht gläubig sein und wir können den Tod auch ruhig erwarten, wenn wir nicht meditieren können. Wir müssen lediglich versuchen, Ignoranz zu eliminieren und Akzeptanz zu etablieren. Daneben sollte es uns auch gelingen, in eine ruhige Kontemplation zu sinken, um sich mit dem Gedanken vertraut zu machen, loszulassen. Dann können wir auch soviel Raum in uns schaffen, um das Sterben und damit dem Tod gelassener entgegen sehen zu können. Das bedarf selbstverständlich einer wahren Ernsthaftigkeit und Überzeugung, die fern irgendwelcher Furcht ein Auseinandersetzen mit einem Daseinsverlauf, der über den Tod hinausgeht, bedeutet.

## Öffnung des Geistes

Sollten wir eines Tages soweit sein, um die Ablehnung und das Widerstreben einer Beschäftigung mit seinem eigenen Dasein und dem Ende endgültig beiseite zu schieben, werden wir ein neues Level unserer Existenz erleben. Viele Menschen antworten ja auf die Frage, ob sie Angst vor dem Tod haben, zuerst mit einem entschiedenen Nein. Das klingt mutig, ist es aber eigentlich nicht. Fragt man detaillierter, erkennt man, dass vielleicht die Angst vor dem Tod nicht unbedingt Priorität hat, aber dass es die Angst vor dem Sterben ist, mit der man kaum oder gar nicht umgehen kann. Weil nicht bekannt ist, wie und unter welchen Umständen das geschehen wird. Angst vor dem Sterben steht also unter den Bedingungen, wie das geschieht. Vielleicht sind wir krank, können uns nicht mehr bewegen oder haben große Schmerzen. Vielleicht sind wir gar dement, können den Geist nicht mehr kontrollieren und sind angewiesen auf einen Lauf der Dinge, den wir nicht einmal mehr bemerken. Oder wir sind depressiv, haben keinerlei Lebenskraft mehr und wollen nur, dass das schreckliche Leben, das wir empfinden, endgültig vorbei ist.

Wie, wann und warum … diese Fragen können wir heute kaum beantworten. Aber wir können wissen, in welcher Art und Weise wir mit dem Zustand und dem Ablauf des Sterbeprozesses umgehen können. Wenn wir noch über einen wachen gesunden Geist verfügen, kann uns dieser Geist leiten und die Angst vor dem nehmen, was wir nicht wissen. Leider ist es fast unmöglich, den Geisteszustand eines Demenzkranken zu beurteilen. Wir wissen nicht, ob überhaupt irgendwelche Gedanken entstehen und wenn, welcher Art sie sein würden. Es kann sein, dass derjenige gar nichts mehr aufnehmen kann, aber es könnte genauso gut sein, dass ein subtiler Geist den Kern der Situation genau erfasst – unfähig zwar, sich mitzuteilen oder Kontrolle darüber zu haben – und in seinem Inneren sehr genau weiß, dass die Uhr abzulaufen droht.

Lassen Sie uns auf dem Standard bleiben, in dem der Mensch Kontrolle über seinen Geisteszustand hat und irgendwelche Schmerzen ihm nicht die Fähigkeit nehmen, sich zu sammeln und dem Unvermeidbaren mit einer ruhigen Klarheit entgegen sehen zu können. Wenn es soweit ist, wird die Zeit keinerlei Rolle mehr spielen. Es ist vollkommen egal, ob ich Wochen, Monate oder nur noch Stunden, Minuten oder gar Augenblicke zur Verfügung haben werde. Der letztendliche Aspekt ist die unbedingte Akzeptanz. Wenn dies hinter mir liegt, kann ich völlig befreit mich dem Kommenden hingeben und diesen Raum, der sich in mir ausbreitet, füllen mit einem Licht, das heller als die Sonne ist. Je nachdem, was mir vorschwebt und was ich gerne als Welt nach dem Tode ansehen will, kann ich meinen Geist mit allem, was ich längst vorbereitet habe, füllen und vollkommen gelassen durch dieses Tor gehen, das sich langsam öffnen wird.

Als Buddhist habe ich in der Tiefe des Kerns ähnliche Vorstellungswelten. Ich gehe in eine andere Welt ein, dem Bardo. Der Bardo ist ein Zwischenzustand, in dem ich mich konzentriert fokussieren muss, um die für mich richtige zukünftige Wiedergeburt einnehmen zu können. Sollte ich in diesen Zwischenzustand unvorbereitet, angstvoll und verwirrt eintreten, wird meine nächste Wiedergeburt möglicherweise so aussehen, dass ich mein spirituelles Wesen dadurch nicht verbessern kann, weil ich eine nicht eine mir passende Wahl treffe. Man sagt, der Geist wird darin nicht ausgesucht, sondern der Geist sucht sich die nächste Inkarnation selbst aus. Und dafür ist es erforderlich, dort ruhig, gelassen und freudig in die nächste Wiedergeburt eintreten zu können. Meist ist das der Körper und der Geist eines Kindes, das völlig unbedarft ins neue Leben eintritt. Behaftet lediglich mit dem Geist des Inkarnierenden. In der Regel sind es dann auch die Kinder, die sich an ihre früheren Leben erinnern... je nachdem, auf welchem spirituellen Status der Wiedergeborene erscheint. Im Laufe der Jahre verschwinden dann die Erinnerungen, weil sie in der buddhistischen Überzeugung keine größere Relevanz haben. Der Mensch an sich ist gefordert, die aktuelle Emanation so zu gestalten, wie es vor langer Zeit der Buddha vorgegeben hat. Insofern ist meine Praxis, die ich verfolge, dazu da, meine eigene jetzige Sterbeangst beiseite zu schieben und mich gleichzeitig auf den Eintritt in den Bardo vorbereiten zu können. Das ist nur möglich, wenn Zuversicht, Überzeugung, Vertrauen, Hoffnung und auch eine Art der Freude mein ganzes Wesen einnehmen können. Für mich persönlich bedeutet das eine konkrete Vorstellung und Leitlinie einer guten Lebensweise, eines guten Lebens und auch die Chance, ein gutes Sterben herbeiführen zu können. Das große Ziel, das ich dabei anstreben möchte, ist, dass ich selbstbestimmt dieses Leben beschließen will. Vornehmlich mit der Fähigkeit, innerhalb der Tiefenmeditation bewusst vom Leben in den Tod gehen zu können. Das wäre dann schon eine Meisterleistung im Hinblick auf Spiritualität.

Manch einer wird jetzt einwenden, dass doch das Ziel eines jeden Buddhisten das Erreichen des Nirwana sein soll und nicht ständig wiedergeboren zu werden. Das ist richtig. Wenn ich aber in einem Bewusstseinszustand bin, in dem ich weiß, dass nach diesem Leben das Nirwana noch längst nicht erreicht werden kann, dann spielt dies (noch!!) keine Rolle. Wichtig ist, dass ich in meinem nächsten Leben noch mehr praktizieren muss, noch mehr Achtsamkeit an den Tag legen muss und mein Mitgefühl gegenüber allen Lebewesen viel mehr stärken muss. Die negativen Emotionen und der Hang zu den menschlichen Begierden sollen vollständig verschwunden sein. Dann kann es auch möglich sein, Erleuchtung zu erlangen und den Kreislauf der leidvollen Wiedergeburten zu beenden.

Auch wenn ich meine, dass meine vorherigen Leben in diesem Sinne von Erfolg gekrönt waren, bin ich jetzt noch lange nicht in der Lage, den Schritt in das Nirwana gehen zu dürfen. Warum ich weiß, dass meine früheren Leben in dieser Hinsicht produktiv waren? Ich muss nur meine Überzeugungen, mein Mitgefühl und mein spirituelles Denken ansehen, dann weiß ich das. Reinkarnation bedeutet nämlich genau dies: Willst du wissen, wer du warst, so schau an, wer du bist. Willst du wissen, wer du sein wirst, so schau an, was du tust.

Im Dhammapada, der Anthologie der Aussprüche Siddharta Gautamas, heißt es:

Geist geht allem Tun voraus,
alles Tun ist vom Geist geleitet, vom Geist erschaffen,
spricht oder handelt einer mit unlauterem Geist,
folgt Leid, wie Räder dem Huf des Zugochsen folgen.

Geist geht allem Tun voraus,
alles Tun ist vom Geist geleitet, vom Geist erschaffen,
spricht oder handelt einer mit heiter-klarem Geist,
folgt Glück so sicher wie der eigene Schatten.

Wenn wir schon vom Öffnen des Geistes gesprochen haben, müssen wir auch die irrwitzigen Blockaden kennen, die es verhindern, dass wir uns spirituell öffnen können. Im Grunde genommen weiß das so gut wie jeder, was ihn hindert, sich innerlich zu befreien und somit sein Gemüt, seine rasenden Gedanken und seine Unruhe in Balance zu bringen. Längst sind wir doch bereits in einer 24-Stunden-

Gesellschaft angekommen. Abhängig von der Generation, in der wir uns befinden, wird uns ein Tagesablauf programmatisch vorgegeben. Im Regelfall gehen wir täglich zur Arbeit, wenn wir in der Altersgruppe zwischen vielleicht achtzehn und fünfundsechzig Jahren sind. Das heißt, der Arbeitstag bestimmt unsere Taktung. Die meisten sind dem unterworfen, weil sie ihren Lebensunterhalt daraus bestreiten müssen. Wenn ein Familienkomplex besteht, mit Frau/Mann und Kindern, dann ist man noch mehr eingebunden, weil der Lebensplan unmittelbar daran geknüpft ist. Niemand kann einfach sagen, heute arbeite ich nicht, denn heute möchte ich trainieren, möchte einfach nichts tun, sich um nichts kümmern oder mich der Meditation widmen. Nicht einmal Selbstständige werden spontan ihrer Arbeit fern bleiben, nur weil sie Lust auf anderes haben. Das Regelwerk der Pflicht lässt das eben auch nicht zu.
Junge, ungebundene Menschen, die in ihrer Freizeit keine Rücksicht auf andere nehmen müssen, geben sich den Annehmlichkeiten hin, die das Ungebundensein bietet. Auf den Feierabend freuen, den Freitag herbeisehnen, die Abende mit Freunden verbringen. Am Wochenende in die Clubs, ins Restaurant, zum Sport oder sonst irgendetwas. Hauptsache, nicht zu Hause versauern…nicht, dass etwas Wichtiges versäumt wird. Unser aller Leben ist programmiert, wir entscheiden lediglich die kleinen Dinge und meinen dann, wir sind frei in allen Entscheidungen. Selbst in der Suche nach dem richtigen Beruf, nach einem Job oder nach einer Wohnung, sind wir den Bedingungen des Marktes unterworfen, die wir nicht umgehen können. Seit Internet, whats-app und Co. sind wir noch abhängiger geworden. Die sozialen Medien haben in erschreckender Weise einen wichtigen Platz eingenommen. Das betrifft weniger die ältere Generation als die jüngere und ganz junge

Generation. Ich selbst bin analog aufgewachsen und musste mir die digitalen Errungenschaften nach und nach aneignen – wie so viele meiner eigenen Generation. Wir wurden gezwungen, ständig den Vergleich zwischen analog und digital zu setzen, was manchmal schier verzweifelnd war, weil immer die Frage dazwischen stand, wem ich jetzt den Vorrang einräumen sollte. Mittlerweile hat sich das zwar von selbst erledigt, aber die analogen Jahrzehnte kann man nicht einfach in die Schublade stecken und den Schlüssel fortschmeißen. Die Digitalisierung und die gesellschaftliche Vertechnisierung ist ohne Frage ein Fortschritt – und zweifellos eine Fessel. Das Smartphone ist heute das, was früher der Geldbeutel gewesen war. Man hat es immer griffbereit. Ständig sind die Menschen online, sind rund um die Uhr erreichbar und schlafen nicht ein, ohne ein letztes Mal auf den Bildschirm sehen zu wollen.

Ich möchte jetzt nicht darauf eingehen, in wieweit die Technik für uns hilfreich ist und wann es zur Belastung oder zur Sucht wird. Das wäre ein eigenes Buch wert. Nein, es geht ja um die Blockaden, die uns hindern, unseren Geist zu nutzen. Es geht einfach darum, dass unsere Lebensform und die Gesellschaft, in der wir uns befinden, uns derart viele Informationen zur Verfügung stellt, dass unser Gehirn permanent damit beschäftigt ist, diese Informationen zu filtern. Was ist wichtig und was ist unwichtig? Und da beginnen schon die ersten Schwierigkeiten. Wie sollen wir denn filtern, wenn uns bereits in unserem Job aufoktroyiert wird, was wir für wichtig halten müssen. Auch wenn unser Gehirn das genaue Gegenteil signalisiert, werden wir genötigt, auch völlig Belangloses und Nutzloses zu tun. Das bedeutet, dass wir viel Zeit damit verbringen, Unnützes und Unwichtiges zu erledigen, obwohl wir wissen, dass Zeitverschwendung etwas ist, das tunlichst zu vermeiden sein sollte. Auf Dauer verschwindet dieser innere mahnende

Zeigefinger und irgendwann versetzen wir die unnützen Dinge immer weiter nach oben zu den Wichtigen. So geht es uns dann möglicherweise parallel auch im Privatleben. Durch die ständige Abwägung der Prioritäten verlieren wir unsere natürliche Fähigkeit, den eigenen Filter zu benutzen. Was wirklich wichtig ist, begreifen wir nur bei tragischen Ereignissen. Wenn ein naher Verwandter, ein Freund, eine Geliebte oder Geliebter unerwartet verstorben ist. Dann nehmen wir bewusst wahr, wie unwichtig eigentlich die vielen Dinge sind, mit denen wir uns tagtäglich beschäftigen. Es ist doch schon seit vielen Jahren alles zu viel, was täglich in unseren Geist eindringt. Die Folge sind die verschobenen Krankheitsbilder, die die psychischen Probleme immer mehr in den Fokus der Krankenkassen und Ärzte schieben. Überlastung, Burnout, Übersensibilität, stressbedingte Haltungsschäden und angegriffene Sinne wie Sehen, Hören, Schmecken oder sogar Fühlen. Oft genug Schlafprobleme und die mentalen Konsequenzen daraus. Der Sonntag als einziger echter Ruhetag der Woche, an dem sich die Bevölkerung zurückziehen und buchstäblich ruhen sollte, wird hergenommen, um auf Märkte zu gehen oder verkaufsoffene Sonntage zu nutzen. Auch der Sonntag wird langsam aber sicher ausgehöhlt, weil die Profitgier einfach grenzenlos und absolut menschenverachtend ist. Seit einem Vierteljahrhundert beobachte ich, wie aggressiv dies propagiert wird. Die Gesellschaft kommt nicht mehr zur Ruhe und das ist durchaus so gewollt. Konsum steht über allem, Maßhalten ist Stagnation und aus Stagnation wird Rezession...das sind die Gesetzesvorgaben der Wirtschaft und der Politik. Der Kapitalismus kennt eben nichts anderes. Alles auf Kosten der Bevölkerung, die in großen Teilen auch daran glaubt, dass Wachstum die Maxime von Wohlstand sein muss. Längst ist das widerlegt, aber wehe demjenigen, der dies öffentlich kundtut.

All diese Dinge sorgen vielleicht dafür, dass die Wirtschaft wächst, aber nicht der Mensch. Die Ruhelosigkeit ist mit der Grund für Oberflächlichkeit, das Hetzen nach dem Mammon und dem Erfolg bedeutet, keine Zeit mehr für sich oder anderes zu haben. Permanente Terminflut beeinflussen eine Balance, die nötig wäre, um den Menschen wieder auf Spur zu bringen. Was bedeutet, dass er wieder genau weiß, was eigentlich wirklich wichtig sein sollte und was nicht. Erfreulicherweise gibt es dennoch auch ganz andere Tendenzen. Rückzugsorte wie Klöster, Wellnessoasen, Seminare für Gestresste, Schulungen zum gelassenen Alltag, Abschaltprogramme und vieles mehr, das dazu dient, sich wieder mehr mit seiner inneren Balance zu beschäftigen. Es regt sich Widerstand gegen unsere Art zu leben. Zu leben auf einer Überholspur, die überhaupt nicht notwendig ist. Ohne dass es irgendjemand einmal so gesagt hat, wird erwartet, dass jeder ständig höchst bereit ist, immer auf Empfang, niemals ruhig und niemals langsam. Immer schneller, immer höher, immer weiter, immer größer….immer mehr. Immer mehr!! Eigentlich wäre der beste Weg immer weniger. Unser ganzes tägliches Leben mit all seinen gefährlichen Facetten und einer Verschwendung wichtiger Lebenszeit ist schwer zu verändern. Von den vielen tausend Dingen, die wir vermeintlich täglich tun müssen, sind wahrscheinlich nur zehn Prozent davon wichtig. Alles andere sind Nebentätigkeiten, denen wir viel zu viel Aufmerksamkeit schenken. Wie soll man bei dieser Menge an Tätigkeiten noch die Zeit finden, seine Gedanken auf das zu richten, mit dem man eben kein Geld verdient und bei dem nichts herauskommt, das ich anfassen kann, das ich anderen zeigen kann oder mit dem ich mich profilieren könnte? Wie soll das gehen?

Um wirklich eine Veränderung der Lebensumstände herbei zu führen, muss ich mich entschleunigen. Ich brauche Zeit für mich selbst, um wieder einen sichtbaren Sinn einzufahren. Wer ernsthaft vorhat, sich selbst Raum zu geben für Gedanken und Beschäftigungen, die nichts mit Alltag zu tun haben, wird bald merken, wie entspannend und schön die Beschäftigung mit spirituellen Dingen sein kann. Ich habe im Laufe der Zeit viele Menschen kennen gelernt, die ab und an ihren Alltag Alltag sein lassen und sich für ein Wochenende oder für eine Woche zurückziehen. Viele sind in der Zeit kaum erreichbar oder melden sich nur, wenn etwas Wichtiges ansteht. Immer mehr Beschäftigte fragen bei ihrem Arbeitgeber wegen einem Sabbatical nach. Also ein Ausstieg auf Zeit, nach der man dann wieder in seinen Job zurück kehren kann. Eine tolle Sache, die vor gar nicht allzu langer Zeit bei den Arbeitgebern nur verständnisloses Kopfschütteln verursacht hatte. Inzwischen besteht bei vielen großen Konzernen durchaus die Möglichkeit, sich unter bestimmten Bedingungen für ein Jahr freistellen zu lassen. Eine große Chance, die vor allem bei Alleinstehenden mehr als gut ankommt. Ich selbst habe das in meinem Arbeitsleben zweimal beantragt. Nicht ein Jahr, das ging leider nicht, aber einmal ein halbes Jahr und vor ein paar Jahren noch einmal für drei Monate. Ich war jedes Mal auf Weltreise gegangen. Das war mein Plan für die totale Abkehr eines Alltags, der mich immer mehr belastete und unzufrieden werden ließ. Das letzte Mal verabschiedete ich mich in Richtung Neuseeland und die Südsee. Es hat fast drei Wochen gedauert, bis ich meinen Kopf komplett frei hatte und nach so vielen Jahren der Arbeit und des Hamsterrades wieder etwas anderem absolute Priorität einräumen durfte. In diesem längeren Unterwegs-Sein konnte ich viel Raum in meinem Geist schaffen. Mein Gehirn konnte wieder perfekt zwischen wichtig und unwichtig unterscheiden, fast körperlich konnte ich die Ruhe und die Gelassenheit spüren. Meine Begeisterung erfuhr einen neuen glasklaren und echten Schwung und meistens wachte ich morgens mit einem Gefühl unendlicher Freude auf. Etwas, das ich aus meinem Alltag nicht kannte. Kennen Sie das Gefühl, morgens aufzuwachen und sofort diesen dumpfen Druck im Brustkorb zu spüren, der die anfallenden Probleme und Sorgen wieder auf den Thron schieben muss? Selbst an freien Tagen übermannte mich oft genug dieses pressende Gefühl und diese Destruktion in mir, das sich so negativ und freudlos anfühlte. Manches Mal befürchtete ich schon, dass ich Anzeichen einer Depression habe. Aber das war es gottlob nicht, sondern das Bewusstsein einer Stagnation, eines Stillstehens und nicht Weiterkommens, egal, was ich auch anstellen würde. Irgendwann begriff ich, dass es lediglich meine innere fehlende Motivation gewesen war, die mich mental so niederschlug. Als ich sicher war, dass ich keine Krankheit oder gar ein psychisches Problem hatte, richtete ich mich auf und beschloss, etwas dagegen zu unternehmen. Also plante ich einen letzten längeren Ausstieg aus dem frustrierenden Alltagstrott. Und erst als ich mein E-Ticket in Händen hielt, ging es mir wieder besser. Die Monate am anderen Ende der Welt zeigten mir wieder, um was es im Leben eigentlich gehen sollte.

Ich genoss das Sitzen am Pazifik, konnte stundenlang auf das Meer hinausschauen und mich dabei mit mir selbst unterhalten. Das Leben hatte einen neuen Takt und einen längst überfälligen neuen Wert. Ich brauchte keine Uhr. Mir war jeden Augenblick bewusst, dass ich mich am Ende der Welt befand und oft dachte ich an meine Gedanken als kleiner Junge, der sich damals nichts sehnlicher wünschte, als irgendwann einmal eben an dieses andere Ende der Welt zu reisen. Während dieser Reise erfuhr ich so etwas wie eine

Renaissance meiner leider stagnierenden Praxis. Ich konnte mich wieder fokussieren, ich konnte wieder leichter meinen Gedankengang beherrschen und ich wollte mich wieder intensiver mit gutem Leben und gutem Sterben beschäftigen. Und zwar so intensiv, dass ich - wie schon gesagt wurde – diese beiden Gedankengänge zu einem transformieren würde. Grundlage für die wiederkehrende Konzentration war die Öffnung meines Geistes durch das Wegschieben der alltäglichen Sorgen und Probleme. Ich fühlte wieder diese gesteigerte Leidenschaft, die mich so viele Jahre begleitet hatte und irgendwann verloren gegangen war, ohne dass ich es bemerkt hätte. Es war ein Leichtes gewesen – eben nach diesen drei oder vier Wochen. Ich musste mir wegen gedrängelter Zeit keine Gedanken machen. Ich konnte in den Tag hinein leben. Mein Tourplan war grob und jederzeit änderbar. Die anschließende Reise auf die Cookinseln in der Südsee gaben dem ganzen noch den allerletzten Schliff. Es war schier unvorstellbar, dass ich einen Strand auf einer Südseeinsel ganz für mich allein hatte. Es war ruhig wie auf einem Berg, nur unterbrochen durch die Riffbrandung und dem Rascheln der Palmblätter, wenn der Wind sie in Bewegung versetzte. Ich genoss die Langsamkeit eines Insellebens und vergesse nie die etwas füllige immer lächelnde junge einheimische Frau, die mich auf ihrem Roller mitnahm, um mich bei einem Take Away abzusetzen. Ich spüre es immer noch in mir, wie locker und gelassen ich die Tage verbrachte und nicht einmal der Streik meiner Fluggesellschaft kurz vor meinem Heimflug konnte mich aus der Ruhe bringen. Ich saß ein paar Tage in Auckland fest – und es war mir vollkommen egal. Es war ja nicht einmal notwendig, pünktlich nach Hause zu fliegen. Wenn man länger auf Reisen ist, sind Pläne kaum mehr bindend. Man kann sie jederzeit mit nur einem Schulterzucken ändern.

## Die Größe der Welt

Um die Welt erfassen zu können, muss man zuerst die innere und die äußere Welt definieren. Wir bezeichnen eine innere Welt als die, die wir in unserem Geist kreieren, gestalten und die unser fundamentales Wesen ausmacht. Eine Welt, die verschiedentliche Ausdehnungen annehmen kann. Sie kann eng sein und begrenzt. Oder auch weit und flexibel. Wer sich schon einmal bewusst geworden war, dass nach einem bestimmten positiven Ereignis die innere Welt und dadurch auch die eigene Sichtweise expandiert ist, wird auch schon erlebt haben, wie sie sich unter Umständen wieder zusammenziehen kann. Es ist abhängig von unserer resilienten Kraft, dieser Widerstandskraft, die es entweder ermöglicht, den Raum zu vergrößern oder eben zu schwach ist, wenn durch negative Ereignisse alles sich wieder zusammenzieht und diese Weite einfach verschwunden ist und sich in Luft auflöst. Je höher die eigene Resilienz ist, desto geringer ist die Chance, dass sich ein bereits etablierter Raum durch unvorhergesehene Geschehnisse wieder exorbitant verkleinern kann. Die Widerstandskraft ist die Kraft, die einen balancierten Raumbereich durch nichts unterschreiten lässt. Unser Geist ist dann in der Lage, negative Erlebnisse leichter zu verarbeiten und durch die geistige Raumgröße Kompensationsmöglichkeiten zu schaffen, so dass wir weiterhin Zugriff auf die hellen Seiten des Lebens haben werden. Dass schwerwiegende Schicksalsschläge auch die stärkste Resilienz zunichte machen kann, liegt in der Natur dieser Theorie der Gegengewichtung. Auch Widerstandskraft ist der Eigenart des individuellen Menschen unterworfen. Aber unser Beispielfall wird nicht durch schlimme Ereignisse malträtiert, sondern hat sich durch eine Anzahl verschiedener Geschehnisse zu einer besonderen Welt des Geistes entwickelt. Um seine eigene Geistessicht zu erweitern, erfordert das vor allem den Willen und das Wissen, was ich bereit bin, zuzulassen oder was ich imstande bin, einen Angriff auf unser inneres Potential abzuwehren. Auch hier müssen wir wieder darauf achten, den Weg der Mitte aller gegensätzlichen Extreme einzuhalten.

Ein gutes Beispiel für eine geistige Expansion ist das Heilfasten. Es gibt tausende Bücher und Fachliteratur über das Thema Fasten, aber ich möchte hier lediglich einige Auswirkungen festhalten, die fast jeder miterlebt, der sich dem einmal hingegeben hat. Grundsätzlich ist anzumerken, dass nicht jeder einfach so fasten sollte und das auch nicht jeder kann. Zum einen muss ich wissen, wie eine Fastenzeit beginnt und zum anderen sollte ich genau wissen, wie der Verlauf zum Beispiel einer Woche zu handhaben ist. Auf jeden Fall ist ein Heilfasten immer zuerst unter ärztlicher Aufsicht anzugehen. Das betrifft vor allen Dingen ältere Menschen oder Menschen, die gesundheitliche Probleme haben. Fasten ist ein uralter Ritus, der sich aus gesundheitlichen und spirituellen Gründen zusammensetzt. Wir beschränken uns hier auf eine Woche. Eine Woche der Entgiftung, des Sich-Zurückziehens, der Kontemplation und der eigenen inneren Beobachtung. Die ersten beiden Tage sind die schwierigsten. Kopf und Magen mögen das nicht, wenn der Nachschub ausbleibt. Wir kennen alle das Magenknurren, wenn sich der Hunger ansagt. Oder diese aufkommende Gier nach Gebratenem, nach Nudeln, einer Pizza oder Grillwürstchen. Diese Gier, die der Kopf nachhaltig in uns brüllt, ist etwas ganz Natürliches. Darum ist es auch so wichtig, sich vorher mental auf die Zeit ohne Nahrungsaufnahme vorzubereiten. Nur wenn ich tief in meinem Inneren bereit dazu bin, kann es auch funktionieren.

Ich muss den Ablauf kennen, jeden Schritt und jeden Tagesabschnitt. Heilfasten hat mit dem Abnehmen nur sekundär zu tun. Natürlich verliert man Gewicht, wenn ich ein Kaloriendefizit einfahre. Meist ein willkommener Nebeneffekt. In der Hauptsache geht es um eine Entgiftung des Magen-Darm-Traktes und eine Beruhigung des Geistes. Auch der Geist wird entgiftet von der Unruhe und dem Stress des Alltags. Es ist wichtig, dass man dabei ein Rückzugsgebiet hat, das störungsfrei ist.

Nach der vollständigen korrekten Darmentleerung beginnt der Magen, seine Arbeit nach und nach zurück zu fahren. Normalerweise ist am dritten Tag ein brennendes Hungergefühl nicht mehr da. Hunger beginnt sich dann nur noch im Kopf abzuspielen. Man bemerkt, wie sich die Haut verändert und regeneriert. Man verspürt kein Jucken mehr, Unebenheiten verschwinden und wenn man keine Kopfschmerzen bekommt, fühlt man sich langsam frei und wohl. Entgegen vieler Aussagen wird man nicht entkräftet, sondern fühlt sich stark. Bei meinem ersten Fasten vor vielen Jahren spürte ich bereits am dritten Tag, wie sich mein Denken veränderte. Mein Geist wurde viel weiter, ich meinte, die Welt vergrößerte meine Sichtweise auf alle Dinge. Eine innere Lockerheit begann sich breitzumachen und es entstand dieses positive Lebensgefühl, das den alltäglichen Sorgen und Problemen keine Plattform mehr gab. Ich zog nach wie vor mein eigenes umfangreiches Trainingsprogramm durch und hatte das angenehme Gefühl, dass mich nichts mehr blockiert. Muskeln hatten kein Ziehen, Gelenke waren wie frisch geölt und ich konnte mich wesentlich schneller und leichter bewegen als sonst. Aber das Wichtigste war eine spirituelle Explosion, die mich befähigte, viele Dinge endlich klarer zu sehen. Ich las zu jener Zeit zum ersten Mal das Tibetische Totenbuch. Ich glaube, nie zuvor habe ich einen solchen Wälzer schneller gelesen. Meine Aufnahmefähigkeit war enorm gestiegen, weil in mir keinerlei Blockade oder Ablenkung mehr war. Später habe ich auch begriffen und nachgelesen, dass die Energie, die für die Verdauung und den Stoffwechsel gebraucht wird, fast vollständig freigegeben worden ist. Dadurch, dass außer reichlich Flüssigkeit nichts mehr zugegeben worden war, hatte der Körper wie auch der Geist mehr von dieser Energie zur Verfügung. Was ich wirklich wie in einem Rausch wahrnehmen konnte. Nochmals möchte ich darauf hinweisen, dass von einer Fastenzeit ohne eine vorherige ärztliche Konsultation abzuraten wäre.

Es war damals – mittlerweile ist das dreißig Jahre her – das erste Mal, dass ich verstand, dass der Geist kein festes Potential hat, das angeboren ist, sondern dass ich sehr wohl in der Lage sein kann, dieses Potential zu verändern. Das hat nichts mit dem Intellekt zu tun, sondern mit einem intensiven Verstehen der Welt. Je mehr Raum, desto mehr Verständnis. Je mehr Verständnis, desto mehr Möglichkeiten. Und wenn ich die Möglichkeiten ausschöpfen kann, dann kann es kaum ein Limit geben. Damals konnte ich allerdings noch nicht ahnen, wie schwer es wirklich anfangs sein würde, dem Geist Raum zu geben und diesen Raum auch zu konservieren. Dieser imaginäre Raum ist nicht zu verwechseln mit Wissen und Intelligenz. Es ist ein spiritueller Raum, den ich mit dem Verstehen allen Seins füllen kann. Die Existenz und das Dasein aller Lebewesen und deren unmittelbaren Zusammenhang kann ich fühlen, ohne dass eine intellektuelle Erklärung dahinter stehen muss. So ein Verständnis kann ich mir allein mit meinem Intellekt nicht aneignen. Dafür brauche ich spirituelle Grundlagen und vor allem den sprichwörtlichen Sinn dafür. Das ist das Schöne an Spiritualität – es macht keinen Unterschied zwischen den Menschen, denn jeder kann spirituell sein. Leider ist nicht jeder bereit dafür oder kann sich ernsthaft vorstellen, seinen Geist einem ganz anderen Bereich unseres Leben zu widmen als dem, was man sehen und anfassen kann.

Um wirklich in der Lage sein zu können, seinen Geist expandieren zu lassen, wird es nicht reichen, ein oder zwei einschneidende Erlebnisse zu haben. Dazu muss sich die Lebenseinstellung grundlegend verändern und im Tagesablauf sollte Achtsamkeit und Aufmerksamkeit gegenüber allem und jedem im Vordergrund stehen. Das kann man durchaus kultivieren, so wie ich meine Meditationspraxis kultivieren kann. Der geistige Müll muss entfernt werden. Werfen Sie ihn raus aus einem beanspruchten Raum, in dem er nichts zu suchen hat. Ich muss von Zeit zu Zeit meinen Geist genauso entmüllen, wie ich meine Wohnung von Überflüssigem befreie. Wahrscheinlich kennen viele das wohlige Gefühl, wenn zu Hause entrümpelt wurde und plötzlich wieder Platz entsteht. Vielfach Belastendes ist einfach weg – und es befreit ungemein. Ziehen Sie einmal von einer größeren Wohnung in eine kleine. Man trennt sich von so vielem Gerümpel, das man eigentlich nie gebraucht hat, aber sich trotzdem weigerte, es wegzuwerfen. In einer kleineren Wohnung hätte es gar keinen Platz gehabt, also – weg damit. Genauso ist es mit unserem Geist. Wenn wir ihn einmal richtig entrümpelt haben, geht es uns nicht nur viel besser, sondern wir entdecken auch so viel neuen Raum, den wir dann mit den essentiell wichtigen Dingen füllen können, ohne dass sich Gedanken vermischen und um die Vorherrschaft kämpfen müssen.

Ein gutes wie auch intensives Beispiel ist die Trennung zweier Menschen, auch wenn sich das jetzt widersprüchlich anhören muss. Zum Verständnis ist damit gemeint, das Beispiel ist gut aber die jeweilige Situation der Betroffenen ist schlecht. Einst hatten sie sich geliebt, konnten sich ein

Leben ohne den anderen gar nicht vorstellen. Und dann...dann ist plötzlich alles vorbei und man geht getrennte Wege. Diese emotionalen Hinterlassenschaften und die Unfähigkeit loszulassen tun noch lange sehr weh. Sie behindern ein ausgeglichenes und zufriedenes Leben und lassen sich nicht so einfach ausknipsen. Es braucht Zeit dazu und den Mut, damit wirklich und wahrhaftig zu arbeiten. Und zwar so lange, bis man unwiderruflich bereit ist, diesen gedanklichen Müll, der einen nur belastet, zu entfernen. Denn es ist nur noch Müll, der in unserem Geist lagert und den Rest vergiftet, weil der Mensch immer Schwierigkeiten damit hat, loszulassen. Erst wenn wir bereit sind, dem nicht mehr diesen Raum zu geben, können wir befreit aufatmen. Vielleicht dauert es lange, vielleicht Jahre, aber irgendwann spielt es keine Rolle mehr und wir können wieder wachsen. Wer schon einmal eine Trennung und Scheidung hinter sich gebracht hat, weiß, wie schwierig die Zeit danach sein kann. Auch hier, in diesem Fall, führt Ignoranz und Verdrängung nicht zum letztendlich erhofften Ziel. Ich muss mich anstrengen, mich disziplinieren, muss damit arbeiten, es akzeptieren und mein Leben neu ordnen. Dazu gehört auch und vor allem die geistige Entrümpelung. Dann bin ich frei und bereit für Neues. Dann kann ich auch erkennen, dass die Welt wieder beginnt, sich zu drehen und zu vergrößern.

Leider habe ich das auch selbst schmerzlich erfahren müssen - dass eben nichts von Dauer ist und Dinge sich von einem auf den anderen Tag völlig verändern können. Denn die einzige Kontinuität im Leben ist und bleibt die Veränderung. Nach fast einem Vierteljahrhundert meist harmonischem Zusammenseins war es nötig geworden, einen Schlussstrich zu ziehen. Etwas, das mit Sicherheit, Geborgenheit und Zugehörigkeit zu tun hatte, war mit einem Male vollständig zerstört. So als ob es niemals existiert hätte und man jahrelang in einer Illusion gelebt hatte. Damit umzugehen lernen ist eine der größten Herausforderungen, die man meistern muss. Es entsteht eine seltsame Leere, die in einem wahren Schockzustand starr und unveränderbar in einem wuchert. Es ist, als ob sämtlicher Halt und alles, was eigentlich den Lebenssinn ausgemacht hatte, weg genommen worden wäre. Einfach so, mit einem schnellen Fingerschnippen. Tatsächlich ist es nie „einfach so", denn normalerweise steht vor der ultimativen Entscheidung ein langwieriger und schleichender Prozess, der wie ein Krebsgeschwür wächst und erst irgendwann dem Schmerzempfinden einen Wink zum unumkehrbaren Finale gibt. Meistens ist es dann eh zu spät. Das, was das Unterbewusstsein längst wusste, wird an das Bewusstsein übermittelt, mit dem wir dann die dummen Fragen stellen. In meinem Fall war es eben genau so. Und es lief auch so ähnlich ab - wie aus einer exakten Anleitung zur Trennung mit abschließender Scheidung. Auch die fünf Phasen hielt ich gehorsam ein. Vom Schockzustand über den emotionalen Absturz bis hin zur langsamen Akzeptanz und zu einer im wahrsten Sinne des Wortes Katharsis. Einziger Haltegriff in der ganzen Zeit war ironischerweise der Job, der wenigstens einen Hauch von Stabilität erscheinen ließ. Ich brauchte mehrere Monate, um überhaupt zu begreifen, dass von nun an mein Leben anders verlaufen würde. Mein Geist und meine ganze Persönlichkeit waren in dieser Zeit höchst angreifbar, weil die vielen rasenden Gedanken keine Struktur hatten und auch nicht geordnet werden konnten. Von Beruhigen konnte schon gar keine Rede sein, eher davon, aufzupassen, dass die dunklen und negativen Gedanken nicht einen Höllenschlund öffneten, in dem man den freien Fall absolvieren konnte. Oft saß ich nur da und starrte Löcher in die Luft, während meine Gedanken Horrorparty machten. Ich kann mich noch erinnern, wie fassungslos ich zeitweise gewesen bin, mir dauernd einreden wollte, dass unsere Entscheidung die einzig richtige gewesen war und dass eben kein Weg zurück führen konnte. Im Grunde genommen waren wir längst mit der Situation unglücklich geworden, ohne dass wir das rechtzeitig einsehen wollten. Trotzdem – und das ist nun mal das Wesen des Menschen – möchte man alles wieder rückgängig machen und hofft, eine neue Chance zu bekommen, die das harmonische Vergangene wieder zurückkommen lassen würde. Es ist dieses verfluchte Nicht-Loslassen-Können, das uns permanent in unserer Entwicklung im Wege steht. Mir erging es dabei nicht anders als so vielen anderen auch. Obwohl ich mir immer wieder sagte – und auch wusste – dass es keinen Weg zurück geben konnte, waren diese kleinen Kobolde in meinem Kopf nicht umzubringen. Ständig lauerten sie darauf, dass dieser Gedanke eines möglichen rückgängigen Prozesses wieder hochkam und dann schlugen sie erbarmungslos zu. Sie zwickten und zwackten in meinem Geist und versuchten alles, damit ich glauben sollte, alles könnte wieder so werden wie früher. Ein völliger Schwachsinn, weil die Gründe doch so klar und überzeugend waren, dass niemand von uns beiden sich das realistisch vorstellen konnte – und ehrlicherweise auch nicht wollte. Vorbei ist vorbei. So ist das.

Das Geplänkel in meinem Kopf ging etwa ein Jahr so. Ein wirklich schreckliches Jahr, das nur aus dem Kampf mit mir selbst bestanden hat. Aber dann wurde es besser. Dann, als ich langsam ein Ende auch vor mir selbst akzeptieren konnte und in der Lage gewesen bin, meinen Geist zu beherrschen und zu kontrollieren. Das Alleinsein musste erst wieder erlernt werden und die viele Zeit, die plötzlich zur Verfügung stand, musste vernünftig ausgefüllt werden. Ich war damals froh gewesen, dass ich bereits als ganz junger

Mann bereits zwei Jahre allein in einem Apartment gelebt hatte und somit kein unbedarfter Idiot war, was das anbelangt. Ich stellte mir nicht nur einen ungefähren Plan auf, mit was ich mich intensiv beschäftigen wollte, sondern ich begann auch, mich weiter zu bilden. Was einem eben alles einfällt, wenn die Zeitfenster immer größer werden. Die ernsthafte Auseinandersetzung mit den Geisteswissenschaften tat mir gut und ich konnte wieder feststellen, wie sich mein Geist langsam aber stetig von den schlimmen Gedankengängen befreite. Allerdings benötigte ich - nach heutiger Sichtweise - dafür auch mehrere Jahre. Ich war mehr damit beschäftigt, finanziell ordentlich über die Runden zu kommen und musste über ein paar Jahre Kredite abbezahlen, die sich durch die Scheidung eben ergaben. Doch irgendwann war alles bezahlt, Unterhalt gab es längst keinen mehr, außer für mein Kind, das natürlich selbstverständlich war. Und dann kam der Tag, der alles Dunkle aus mir entfernte. Man meint ja immer, das ist ein langsamer Prozess, der sich entwickelt und irgendwann abgeschlossen ist. In meinem Fall war das eine plötzlich auftretende Supernova. Peng...und alles war anders. Nachdem ich mich wieder rekapitalisiert hatte, wurden auch wieder zaghafte reale Träume geboren. Träume des Reisens und einer vorstellbaren spirituellen Erfüllung. Meine Pläne standen fest und ich begann, diese auch langsam umzusetzen. Inmitten dieser neuen Lebensplanungen wurde mir eines Tages bewusst, dass ich diesen sehr heftigen Schicksalsschlag endgültig überwunden hatte. Dass so ein einschneidendes negatives Ereignis immer einen – wenn auch kleiner werdenden – Platz beanspruchen wird, versteht sich von selbst. Auch wenn es keinen Einfluss auf das Denken mehr hat, bleibt die Erinnerung auf ewig bestehen. Es begann ein Anfang für Neues. Ich spürte meinen Geist heftig expandieren und das erste Mal seit vielen Jahren konnte ich wieder so etwas wie Freude und Enthusiasmus verspüren. Diese Gefühlsaufwallung war so heftig gewesen, dass ich diesen Moment wohl niemals vergessen werde. Die dunklen Jahre waren innerhalb eines kurzen Momentes vorbei, nicht vergessen, aber sie fielen aus einer Wertigkeit, die mich nicht mehr belasteten. Ich konnte wieder aus meinem Inneren lächeln – und ich war sogar ein klein bisschen stolz gewesen. Und noch etwas war festzustellen. Ich war gewachsen – mein Geist, meine Weitsicht, meine Neugierde und meine Aufmerksamkeit waren auf ein Level angestiegen, das ich niemals vorher in dieser Intensität wahrnehmen konnte.

Es war so etwas wie eine Aufbruchstimmung. So ähnlich wie in meiner Jugend, als ich ständig Neues erleben durfte. Gleichzeitig war mir mein Beruf einfach nicht mehr genug und ich überlegte, wie ich das kompensieren konnte, ohne den Job unbedingt gleich wechseln zu müssen. Schließlich hatte er mich über die Jahre stabilisiert und zumindest monetär in der Spur gehalten. Ich beschloss, zur Uni zu gehen. Neben dem Job. Also immatrikulierte ich mich an der Fernuni und schrieb mich für Philosophie, Geschichte und Literaturgeschichte ein. Es war eine meiner wichtigsten und besten Entscheidungen meines Lebens gewesen. So schwierig und anstrengend das auch war, es befriedigte mich außerordentlich, mir Wissen und Verstehen anzueignen. Meine Tochter hatte ihrerseits bereits mit dem Studium begonnen und somit waren Vater und Tochter gleichzeitig Studenten. Es war sehr lustig und ich genoss das in vollen Zügen. Meiner intensiven Beschäftigung mit dem Buddhismus tat das keinen Abbruch. Mein Geist hatte sich derart geöffnet, dass ich gar nicht genug tun konnte, ihn mit allem Wichtigen füllen zu können. Mitten im Studium hatte ich genügend Geld sparen können, um ernsthaft wieder eine Reise in Erwägung zu ziehen. Zusammen mit meiner

inzwischen erwachsenen Tochter flogen wir nach Neuseeland, um in den Semesterferien etwa fünf Wochen dort zu verbringen. Diese Reise löste dann endgültig die belastenden Gedanken der Vergangenheit. Endlich hatte ich Abstand dazu gefunden und konnte auch ohne irgendwelche Barrieren darüber sprechen. Natürlich nur zu sehr ausgewählten Personen wie einen besten Freund oder einer besten Freundin. Ansonsten hielt ich mich weitgehend zurück. Vor allem vor meiner eigenen Familie. Bis heute bin ich gehemmt, über diese Zeit mit meiner Schwester oder gar meiner Mutter zu sprechen. Es würde auch keinerlei Sinn mehr machen. Meine ehemalige Frau und Mutter meines Kindes ist mittlerweile tragisch verstorben. Es war ein wirklicher Schock und ich war überaus betroffen und fassungslos gewesen. Die Sorge, dass mein Kind daraus Schaden nehmen könnte, war riesengroß gewesen und ich musste überlegen, welchen Weg ich nehmen könnte, um ihr – und auch mir – diesen Verlust erträglicher zu gestalten.
Ich war bis dahin und bis heute in der Lage, die buddhistischen Grundlagen und Praktiken in meinen Alltag mit zu integrieren. Und dazu gehört auch ein bestimmtes Sterberitual, das ich mir vorstellen konnte, mit meiner Tochter zusammen zu unternehmen. Ihre Mama wurde eingeäschert und in einer Urne beigesetzt. Der Vorschlag des Beerdigungsinstituts, einen Teil der Asche in einer kleinen Urne zu bekommen, nahm meine Tochter überrascht an, weil sie nicht wusste, dass das möglich wäre.
Ich unterbreitete ihr meinen Vorschlag und meine Pläne und sie stimmte sofort zu. Dann buchte ich zwei Flüge nach Irland. Wir nahmen uns eine Woche Zeit, fuhren an die irische Westküste und bereiteten die Übergabe der Asche in den Atlantik vor. An einem Montag Nachmittag, die Sonne war durch die Wolken gebrochen und schickte ein gleißendes Licht auf den Strand, den wir dafür ausgesucht

hatten, wollten wir unser sehr persönliches Ritual vollbringen. Das Meer glitzerte im letzten Sonnenlicht und die länger gewordenen Schatten waren das Sinnbild dafür, dass etwas zu Ende gehen musste. Wir ritualisierten die Übergabe der Asche an das Meer, vergossen viele Tränen – und ich sprach davon, was nach den buddhistischen Überzeugungen jetzt geschehen würde. Sie würde in den Bardo eingehen, dort für neunundvierzig Tage verbleiben und dann eine neue Emanation suchen. Die Asche würde der Golfstrom mitnehmen auf eine Reise um den Erdball. Es war eine sehr würdige Verabschiedung und ein überaus krönender Abschluss, der auch als solcher empfunden werden durfte. Ich habe ein sehr enges Verhältnis zu meiner Tochter, aber ich glaube, ich war meinem Kind niemals so nahe gewesen wie in diesem besonderen Augenblick. Gleichzeitig konnte ich in mir selbst diese Ruhe entdecken, die sich ausbreitete. Auch für mich hatte sich etwas geändert und die Entscheidung, das zu tun, auf eine noch höhere Stufe gestellt als ich es eh schon wahrgenommen hatte. Ich bin überzeugt, dass wir damit die Trauer über diesen großen Verlust besser verarbeiten konnten und es zeit Lebens einen sehr bemerkenswerten Trost darstellt, an den man sich immer erinnern kann, ohne einen stechenden Schmerz zu empfinden.

Durch dieses außerordentliche Erlebnis konnte ich auch eine gewisse Unendlichkeit meines Geistes wahrnehmen. Ich bin heute überzeugt, dass wir alle fähig sind, durch unser Tun und durch ansprechendes Handeln ein ganz bestimmtes Bewusstsein in uns tief drinnen entwickeln zu können. Die grenzenlose Größe der Welt können wir selbst durch eine permanent sich verändernde Wahrnehmung bestimmen. Wir selbst sind doch in der Lage und fähig, durch die eigene Sichtweise alles groß werden zu lassen. Es ist dazu weder nötig, um die Welt zu fliegen noch viele verschiedene

Länder zu besuchen. Nein, das ist natürlich keine Voraussetzung. Es geht um die eigene individuelle Wahrnehmung, die uns befähigt, eine ganz eigene und persönliche Bewusstheit zu entwickeln. Aus meiner ganz persönlichen Erfahrung kann ich nur empfehlen, dazu eine, so gut es eben geht, ursprüngliche Natur als Katalysator und Helfer herzunehmen. Schon seit jeher liegt das Verweilen in der Natur ausgesprochen nahe mit den Erkenntnissen, die wir in uns entdecken. Immer wieder habe auch ich wiederholt festgestellt, wie viel Einfluss das auf mein Denken haben kann. Meinem individuellen Wesen entspricht eben das Reisen in weit entfernte Länder und diese Neugierde auf Fremdes und Neues, das mich immer wieder fasziniert und meinen Geist so sehr öffnen kann. Für mich verbindet sich das Reisen auch mit der Erkenntnis einer magischen Größe einer Welt, die absolut entscheidend für unser Denken sein sollte. Wenn der eine oder andere dann auch in der Lage ist, sein Leben und sein Sterben dabei zu einem Teil dieser wunderbaren Welt zu machen, dann denke ich, hat der Mensch alles erreicht, um wirkliches und wahres Glück empfinden zu können.

Dass wir nicht darauf vertrauen dürfen, unvorhergesehene Ereignisse in unserem Leben herzunehmen, die uns dann zwingen, unser Denken zu reformieren, steht außer Frage. Wir müssen uns schon erheben, müssen handeln, müssen etwas tun dafür. Es ist auch nicht damit getan, ein paar Bücher zu lesen, dann zu nicken und zu sagen, ja, gut, das wird dann schon. So funktioniert das nicht. Wir müssen arbeiten, wir müssen lernen, wir müssen Verstehen lernen. Lange nach der Schule wieder richtig intensiv zu lernen zu beginnen, wird anfangs nicht so leicht werden wie wir das meinen. Zum Lernen brauchen wir auch eine Grundüberzeugung. Wenn ich eine Anleitung zum Sterben lese, muss das visualisiert werden, egal, wie abstrakt die

Vorstellung auch sein sollte. Was im Endeffekt bedeutet, die Theorie als Praxis in sein tägliches Leben einzubeziehen. Die Identifikation mit einem Ablauf, der zum Ziel hat, das Leben irgendwann hinter sich zu lassen, ist unbedingt erforderlich, wenn es von Nutzen sein soll. Meinem Geist Raum zu geben ist eine Sache, die Kraft und Mühe kostet. Diesen Raum zu füllen mit dem, woraus ich vor meinem Tod schöpfen kann, ist eine vielfach höher angesiedelte Aufgabe. Dies bedarf Zeit, Hingabe und absolutes Vertrauen. Erst wenn ich mir damit sicher bin, kann ich auch beginnen, meinen eigenen letzten Weg zu gestalten.

## Verbindung in die universelle Tiefe

Haben Sie schon einmal Bilder des Universums mit dem Auge des James-Webb-Teleskops gesehen? Es ist fantastisch, was wir damit alles entdecken können. Und doch können wir die unendlichen Entfernungen und Größen mit unserem primitiven Verstand gar nicht begreifen. Trotzdem sind wir so fasziniert davon. Gleichzeitig wird uns klar, wie winzig wir doch sind und wie unbedeutend. Würde die Erde explodieren, dann hätte das weder Auswirkungen auf die Galaxie noch auf das Universum - ja, nicht einmal auf unser Sonnensystem. Die Auswirkungen auf das Universum wären nicht einmal so groß wie das einzelne Staubkorn, das wir in den Pazifik werfen. Es gibt keine. Jetzt stellen Sie sich aber vor, dass Sie aus Ihrem Geist ein Universum kreieren können. Ein Universum ohne Begrenzungen, ohne ein Ende….können Sie sich das vorstellen? Nein, bestimmt nicht. Ich auch nicht. Wir sind nicht fähig, uns einen unendlichen Raum vorstellen zu können. Unsere genetische Information benötigt Begrenzungen, um etwas selbst in seiner Abstraktivität fassbar zu machen. Aber was, wenn wir das „unendlich" einfach weglassen - dann könnte es funktionieren. Ein Universum, in dem Unendlichkeit oder Endlichkeit keinerlei Rolle spielen würden.
Ein Blick in die gigantischen universellen Verhältnisse, die uns die Wissenschaft zur Verfügung stellen kann, hilft, sich selbst und das irdische Leben aus einer besonderen Sicht zu sehen.

Alle zwei Jahre befindet sich der Mars der Erde am nächsten. Dann beträgt die Strecke dorthin etwa 60 Millionen Kilometer. Eine Reise würde circa neun Monate in Anspruch nehmen. Die Entfernung von der Erde zur Sonne beträgt im Mittel etwa 150 Millionen Kilometer. Von den vier inneren Planeten – Merkur, Venus, Erde und Mars - ist die Erde der dritte Planet. Im äußeren Planetenteil kreisen Uranus, Jupiter, Saturn und Neptun um die Sonne. Wir und unser Sonnensystem sind Teil der Galaxie, unserer Milchstraße. Darin befinden sich zwischen 100 und 400 Milliarden Sterne, um die jeweils mindestens ein Planet kreist. Bestätigt sind bisher circa 5250 Planeten. Der Durchmesser der Milchstraße beträgt unglaubliche 100.000 Lichtjahre (1 LJ entspricht 9,46 Billionen Kilometer...in Zahlen 9.460.000.000.000!!!). Zum Vergleich: der Durchmesser der Erde ist 12742 km.

Schon diese Zahlen und Entfernungen sind eigentlich kaum vorstellbar. Und wir befinden uns immer noch in unserer Heimatgalaxie. Der nächste gelegene Stern nach der Sonne in unserer Nachbarschaft ist Proxima Centauri und Alpha Centauri. Proxima Centauri ist ein sogenannter Roter Zwerg, der in seiner habitablen Zone wohl nur extremes Leben beherbergen könnte. Alpha Centauri ist ein Doppelstern, der aus einem helleren und einem dunkleren Stern besteht. Die Entfernung zur Sonne von Proxima Centauri aus beläuft sich auf etwa 4,25 Lichtjahre. Mit unserer aktuellen Technologie würden wir tausende von Jahren benötigen, diesen nächsten Nachbarstern zu erreichen.

Die nächste große Galaxie neben der Milchstraße ist Andromeda, eine Spiralgalaxie, die ungefähr 2,5 Millionen Lichtjahre von der Milchstraße entfernt ist. Mit einem Durchmesser von 220.000 Lichtjahren ist Andromeda mehr als doppelt so groß wie unsere Milchstraße. Das Besondere an Andromeda ist, dass sie im Spektrum blau verschoben ist, da sie sich mit einer Geschwindigkeit von 266km/s auf uns zubewegt. Aber keine Angst - laut Nasa beginnt das Ereignis in etwa 3 bis 4 Milliarden Jahren und dauert etwa 3 Milliarden Jahre bis zur Ausbildung des Verschmelzungsprodukts. Entstehen wird daraus eine Polarringgalaxie oder eine elliptische Galaxie. Es sieht so aus, als ob wir noch genug Zeit für die letzten Einkäufe haben werden.

Aber die astronomischen Erkenntnisse gehen noch viel weiter. Die vielen Galaxien bilden damit den Laniakea Supercluster, ein Galaxiensuperhaufen mit etwa 100.000 Galaxien, darunter unsere Milchstraße. Der Durchmesser von Laniakea, ein „nur" lokaler Superhaufen, beträgt etwa 520 Millionen Lichtjahre. Damit haben wir längst Dimensionen erreicht, die weit jenseits unserer Vorstellungsmöglichkeiten sind. Laniakea ist aber nur einer von vielen Superclustern. Das momentan beobachtbare Universum mit dem JW-Teleskop erreicht Dimensionen von einem Radius über 46 Milliarden Lichtjahren. Was bedeutet, dass der Durchmesser fast 93 Milliarden Lichtjahre beträgt. Unser Geist kann dies nur in einer einfachen Veranschaulichung erfassen und verarbeiten. Wenn man bedenkt, dass höchstwahrscheinlich unser beobachtbares Universum nur einen kleinen Ausschnitt darstellt, kann ein jeder lediglich eine sehr vage Erkenntnis einer absurden Größe des Raumes wahrnehmen. Wir sind selbst bei der größtmöglichen Fantasie nicht in der Lage, die Unendlichkeit nur ansatzweise zu begreifen.

Zurück zur Annahme unseres Geistes. Auch wenn wir den Begriff „Unendlichkeit" nicht in unserem Verstehen unterbringen können – ist es möglich, unserem Geist einen Raum zu geben, dem zwar unsere Sprache nicht gewachsen wäre, aber unserem Fühlen Struktur verabreicht? Wir können ein Bild erschaffen, das nur mit dem Licht von Leben, Hoffnung, Liebe, Vertrauen und Klarheit durchsetzt ist. Das Bild ist körperlos, ohne irgendwelche Materie, nur Energie – so wie die Natur des Geistes eben ist. Wir können diesen Zustand sehr wohl erschaffen. Durch die Praxis der Meditation, dem bewussten Einhalt des Gedankenstroms und einer tiefen Hingabe an das alles durchflutende Licht des Lebens. Dieses Licht wahrzunehmen bedeutet die Wahrnehmung einer Grenzenlosigkeit, dessen Frage danach ohne jede Bedeutung ist. Ohne Schranken, ohne Begrenzungen, ohne die menschliche Anhaftung an irgend etwas und ohne Denken. Ein permanentes klares Jetzt. Keine Zeiten, keine Vergangenheit und keine Zukunft. Vollkommene Präsenz. Das ist wahre Meditation und vollständige Hingabe an die absolute Klarheit der Existenz.

Wenn dies einmal gelungen ist, werden wir sämtliche Angst vor dem Sterben und damit dem Tod verlieren. Weil wir einen Blick, vielleicht nur einen Augenblick, auf die wahre Essenz unseres Geistes werfen konnten. Und es wird keinerlei Rolle spielen, ob wir an die Reinkarnation glauben oder nicht. Es wird keine Rolle mehr spielen, ob wir Christen, Muslime, Juden oder Hindus sind. Es wird keine Rolle mehr spielen, ob wir überhaupt einen Glauben haben. Denn wenn wir eines Tages in der Lage sind, unseren Geist zu beherrschen, in der Meditation zu verweilen und ein klares durchscheinendes Licht zu erfassen, werden wir auch eine Unendlichkeit – wenn auch nur eine rein menschliche Benennung – fühlen können. Mit dieser Meisterleistung könnten wir – und das ist meine volle Überzeugung – im Angesicht des Todes vollkommen angstfrei und gelassen einem bewussten, selbstbestimmten und darum auch guten Sterben entgegen sehen.

Es steht außer Zweifel, dass wir in der Frage nach einem guten Leben und gutem Sterben schon etwas mehr Mühe aufwenden müssen, als gutgläubig darauf zu hoffen, alles würde schon irgendwie werden. Die alte Weisheit bewahrheitet sich auch in diesem Falle: „Wenn du nichts tust, tut sich nichts."

So, wie wir täglich unseren Aufgaben nachgehen, sollten wir auch täglich unsere Achtsamkeit und Aufmerksamkeit schulen. Wenn wir frühmorgens am Frühstückstisch sitzen und unser Brot oder Müsli essen, Kaffee oder Tee zu uns nehmen, so sollten wir auch unseren Geist mit Nahrung versorgen und ihn auf den Augenblick richten. Aber – Hand aufs Herz – schon während des Frühstücks sind wir doch mit den Gedanken bereits weiter im anstehenden Tagesablauf. Wir beschäftigen uns längst mit dem Job, mit seinen Aufgaben und Pflichten, mit dem, was wir zu erledigen haben und was den Rest des Tages ansteht und wir uns vorgenommen haben. Wir essen zwar, aber nur mit unserem Körper. Der Geist ist nicht beim Frühstück, alle Handgriffe erfolgen automatisch, weil sie sich tagtäglich in derselben Art und Weise wiederholen. Wir achten einfach nicht mehr darauf. Es sollte eigentlich anders sein. Gerade während des Essens und speziell beim morgendlichen Frühstück sollte man bei sich sein, in der Gegenwart, im Augenblick. Denn am Morgen werden wir wach, der Geist und die Gedanken erheben und sammeln sich. In der Ruhe des Morgens sollten wir unsere Energie zentrieren und den Fokus auf den Augenblick legen.
Die Kultivierung dieser gegenwärtigen Präsenz ist auch das, was der japanische Zen proklamiert. Sei in der Gegenwart, lasse die Gedanken nicht in die Vergangenheit oder in die Zukunft abdriften, bleib ganz bei dir. Im Jetzt. Das ist das, was man mit Achtsamkeit verbindet. Uns allen fällt dies schwer, weil die schnellen Gedankengänge uns nicht loslassen und immer wieder – meistens – vorauseilen. Was muss ich noch tun, was ist noch nicht erledigt, was kaufe ich für unser Abendessen ein? Wir hetzen einer Zukunft nach,

die ich doch sowieso erreiche. Ich muss mich damit nicht noch mehr beschäftigen, als ich das doch schon tue. Versuchen Sie einmal, Ihre Gedanken mit Gewalt im Augenblick zu halten. Sicher, es gelingt manches Mal. Wenn man ehrlich ist, schweben sie aber in dem Moment weiter, in dem meine Aufmerksamkeit schwindet. Was nicht überraschend ist, so ist eben unser Geist beschaffen. Er ist unruhig und unstet. Es sind diese vielen Eindrücke und Informationen, die auf uns einprasseln und denen wir kaum entkommen können. Dieses permanente Input verantwortet auch die nachlassende Konzentrationsfähigkeit, die seit Jahren in vielen verschiedenen Studien in Schulen, Universitäten, Unternehmen und einem Großteil der Bevölkerung nachgewiesen worden ist. Der Zusammenhang zwischen Informationsüberfluss und der (Un)Fähigkeit, den Geist zu fokussieren, ist unbestritten. Aber – und das ist überaus bemerkenswert – lesen die Menschen wieder mehr. Der Buchmarkt freut sich und die Hoffnung besteht, dass die unaufhaltsame Digitalisierung noch nicht alle Bereiche für sich eingenommen hat. Ich bin oft im stationären Buchhandel unterwegs und es ist eine wahre Freude, den Menschen beim Stöbern in den vielen Regalen zuzusehen. Nach wie vor übt eine Bibliothek eine eigenartige Faszination auf die Menschen aus. Es ist dieses Komprimat an Wissen, an Geschichten und Erzählungen, an Reisen in die Vergangenheit und an den vielen Fiktionen, die die Autoren erschaffen können. Ein Buch ist wie ein Heilmittel des Geistes und erschafft wie durch ein Wunder neue Welten. Wie ist das zu erklären? Wenn immer mehr Menschen Aufmerksamkeitsdefizite haben, warum sagen dann die Fakten des Lesens etwas so Konträres?
Möglicherweise suchen die Menschen einen Rückzugsort, an dem sie Ruhe haben und sich entspannen können. Sich mit einem Buch zurück zu ziehen und sich nur auf dieses

Buch konzentrieren zu können, mag dieser Rückzugsort sein. Wenn man dieser Annahme folgt, dann spüren die Menschen vielleicht intuitiv, dass das Alltagsleben mit all seinen negativen Eigenschaften durchaus ausgeblendet werden kann. Ein Buch zu lesen, bedeutet, sich zu konzentrieren. Sich zu konzentrieren bedeutet auch, die Fähigkeit zu besitzen, sich ganz dem Augenblick hinzugeben. Und was ist dazu besser geeignet, als sich in ein Buch zu vertiefen? Seite für Seite, Wort für Wort aufzunehmen und zu visualisieren heißt nichts anderes als im absoluten Augenblick zu sein. Es ist so einfach, darin zu versinken. Wenn das so einfach zu bewerkstelligen ist, warum kann das dann nicht übertragen werden auf die Dinge, die ich jeden Tag tue? Es kann. Es ist möglich und es ist ein Anfang einer Praxis, die nichts anderes bedeutet, als meine Aufmerksamkeit auf das Leben und natürlich den Augenblick zu richten. Je mehr ich mich bemühe, desto leichter kann ich das nach einer gewissen Zeit richtig gehend kultivieren, sodass es automatisiert wird. Dann wird es jedem auch leichter fallen, sich in Meditation zu begeben. Der Beginn eines neu kreierten geistigen Raumes, der uns hilft, Gelassenheit zu üben. Aufmerksam zu sein, sollte genau so ein Teil meines Alltags werden wie das Atmen. Denken wir über das Atmen nach, wenn wir Dinge tun? Nein, natürlich nicht. Es ist ein lebensnotwendiges System, das unabhängig von unserem Bewusstsein und unserem Denken ist. Auch Aufmerksamkeit kann ich trainieren, bis mein Gehirn dazu keine Befehle mehr erteilen muss. Das einzige Mal, wo ich meine Aufmerksamkeit komplett auf die Atmung richten muss, ist dann, wenn ich mich zur Meditation begebe. Zumindest so lange, bis es mir immer leichter fallen wird, den Geist zu beruhigen.

Ich wiederhole mich da gerne, wenn ich behaupte, dass das Reisen eine unglaublich intensive Erfahrung und Schulung ist, sich ganz bewusst in der Gegenwart zu befinden. Ich kann Ihnen nicht einmal genau sagen, warum das so ist. Irgendwie sind die Gedanken, die im Alltag ständig zwischen den Zeiten umher hüpfen, nicht mehr so aktiv damit. Als wenn sie sich zur Ruhe begeben, verschwindet die Aufmerksamkeit auf Vergangenes oder Zukünftiges und verbleiben ausschließlich im Hier und Jetzt. Ich glaube, dass das mit ausschlaggebend ist, wenn diese angenehme innere Ruhe eintritt und die Freude und der Enthusiasmus so steil ansteigt. Das geht nicht nur mir so, das höre ich von vielen Reisenden. Dann spüre ich, wie einfach es sein kann, nur in der Gegenwart zu sein und sich nur darauf konzentrieren zu müssen. Der Geist ist eben nur noch damit beschäftigt, was ist und nicht, was sein wird oder gewesen war. Dann fällt es mir auch viel leichter, meine Gedanken zu beruhigen. Sie sind nicht mehr aufwühlend wie eine stürmische See, sie sind wie sanfte Wellen, wie eine langwellige Dünung, die so beruhigend wirkt. Oft konnte ich sehr intensiv wahrnehmen, wie frei und unabhängig ich mich fühle, wenn mein Geist nur den absoluten Augenblick in sich aufnimmt und keine andere Beschäftigung ihn stresst.

Als ich vor vielen Jahren einmal in Irlands Westen gewesen bin, fuhr ich abends an die Cliffs of Moher. Es war Hochsommer und die Sonne schien noch bis fast zehn Uhr. Ich setzte mich auf ein kleines flaches Plateau und beobachtete einen wunderschönen Sonnenuntergang. Die Brandung brach sich an den Klippen, die fast 200 Meter aus dem Meer in die Höhe ragen. Es waren nicht mehr viele Menschen dort und außer dem Meeresrauschen war es ausgesprochen ruhig. Es war einer dieser Augenblicke, von dem man sich wünscht, er würde noch ewig anhalten. Fast körperlich konnte ich spüren, wie mich eine unsichtbare

Welle der Ruhe und Entspanntheit erfasste und mich überschüttete. Es war alles gut. Nichts trübte diesen Moment und der wolkenlose Westen, in dem die Sonne im Ozean verschwand, war ein wirkliches Sinnbild für einen absoluten Moment, der die Seele erreichte und streichelte. Ich war mit ein paar Freunden dort und als wir uns ansahen, dachte wohl jeder dasselbe. Es war ausgesprochen inspirierend und noch heute spüre ich diesen wohligen Schauer, der mich damals eingenommen hatte.

Solche und ähnliche Erlebnisse haben mich immer wieder im Leben darauf aufmerksam gemacht, dass wir uns auf das Wesentliche besinnen müssen. Unser Alltag mit all seinen scheinbaren Problemen beansprucht viel zu viel Platz und Aufmerksamkeit. Er verdrängt mit einer ausgesprochen mächtigen Brutalität unser inneres authentisches Wesen, das im eigentlichen Sinne doch gut, enthusiastisch und lebensbejahend ist. Wenn man nicht aufpasst, übernimmt der tägliche Wahnsinn nach und nach unser Leben und bestimmt, was wir zu denken und zu tun haben. Es ist unbedingt erforderlich, in regelmäßigen Abständen inne zu halten, um sich um den Sinn wieder klar zu werden. Noch besser wäre es wohl, täglich eine Zeit des Innehaltens einzuführen, denn dann würden sich die Prioritäten leicht auseinanderhalten lassen.

Wir können die Welt um uns herum nur sehr bedingt ändern. Sie ist, wie sie ist und wird nach unseren Wünschen und persönlichen Bedürfnissen nicht einfach eine andere sein. Der Fortschritt ist nicht aufzuhalten und solange er uns allen zugute kommt, wird das auch so bleiben. Erst wenn der Fortschritt unsere Bewegungsfreiheit und unsere persönliche Freiheit beschränkt, sollten wir aufmerksam werden und Gegenmaßnahmen ergreifen.

Die erste industrielle Revolution Mitte des 19. Jahrhunderts hat die Welt der Menschen grundlegend verändert. Nach jeder industriellen Revolution waren traditionelle Denkweisen und bewährte Funktionen auf den Kopf gestellt worden. Jetzt befinden wir uns bereits in der vierten Revolution. Die Digitalisierung hat unser aller Leben im Griff wie ein Schraubstock. Egal, was wir tun, wir sind dem Cyberfortschritt voll und ganz ausgeliefert. Jeder Lebensbereich wird mittlerweile elektronisch erfasst, kreiert, verbunden, vernetzt und personalisiert. Niemals zuvor hatten so viele Menschen so viele verschiedene Zugänge zu Informationen und Wissen. Und niemals zuvor hat die Digitalisierung und deren Technik so viele Möglichkeiten der flächendeckenden Überwachung erschaffen. Abgesehen von der permanenten Datenerfassung im Netz wird die Gesellschaft durch eine immer ausgefeiltere Technik durchleuchtet, kontrolliert und manipuliert. Dem allen entgehen zu können, ist eine große Herausforderung. Sich zurück zu ziehen wird auf Dauer immer komplizierter. Anonym zu bleiben kann für einen Normalbürger gar nicht mehr funktionieren. Wir haben grundsätzlich einen Pass, eine Steuernummer, Sozialversicherungsnummer, Bankkarten, Kreditkarten, wir haben eine Meldepflicht in dem Ort, wo wir wohnen, unser Fahrzeug ist zusätzlich gemeldet und die meisten persönlichen Daten besitzen die Krankenkassen, die Rentenversicherungen und die Behörden. Wir kennen keine Anonymität, wir sind im Zuge des technischen Fortschritts gläsern geworden, das uns dann als fantastische Errungenschaft verkauft wird. Die nicht mehr weg zu denkende Werbung manipuliert in einer perversen Subtilität unser Einkaufsverhalten, unser Denken und im Prinzip unsere ganze Persönlichkeit, ohne dass wir uns darüber große Gedanken machen. Da jedes Handy geortet werden kann, kann auch ein signifikantes Bewegungsprofil erstellt werden. Beim Bezahlen mit der Karte kann man nachvollziehen, was jeder für Essgewohnheiten hat, wie viel Alkohol konsumiert wird oder wie viele Zigaretten geraucht werden. Datenschutz ist eine Farce, weil Daten permanent gehandelt werden und bei Bedarf alles beschafft werden kann. Wir denken, wir haben einen freien Willen und würden es vehement verneinen, würde uns jemand etwas anderes erzählen. Wir haben den Anschein eines freien Willens, der uns die Wahl der Bildung überlässt, die Wahl des Berufes, den Wohnort oder das Urlaubsziel. Natürlich ist das auch unsere Definition von Freiheit und natürlich können wir froh sein, in diesem Land oder Kontinent leben zu können. Die Beschränkung von Freiheit spielt sich längst nicht mehr auf einer sichtbaren Ebene ab, sondern durchdringt uns unbewusst. Eine ausgefeilte Technik kann uns formen, wie es gewünscht ist – und wir werden das nicht einmal bemerken, wenn wir dies mit einem Kopfnicken gutheißen. Die Künstliche Intelligenz ist längst soweit, dass sie den Menschen vollkommen ersetzen kann – ohne dass wir merken, dass eine Maschine sich Zugang zu einem bisher rein menschlichen Bereich verschaffen kann. Ehemals Science-Fiction-Filme wie „Terminator" und „Matrix" sind bereits Realität. Mehr und mehr übernehmen eben Maschinen einst menschliche Arbeitsabläufe. Und es sind nicht mehr nur mechanische Abläufe, sondern die subtilen geistigen Innovationen, die bisher nur ein Mensch hervorgebracht hatte. Die Argumentation, dass die Maschinen unser Leben doch leichter gestalten, hinkt dem Zweifel hinterher. Wenn Maschinen unsere ganze Arbeit in der Zukunft übernehmen, was macht dann noch der Mensch? Es ist doch kein Geheimnis, dass der Mensch im Nichtstun verkümmert. Nicht nur sein Körper, sondern vor allem sein Geist und sein Denken. Werden verschiedene Areale des Gehirns nicht mehr gebraucht, schaltet das Gehirnsystem sie aus oder bestenfalls auf einen Stand-by-

Modus. Wenn die KI in Zukunft auch noch dem Menschen vorbehaltene Kreativität, Ideen und Individualität ersetzt – weil sie es kann – verlieren wir dann nicht einen Lebenssinn, der notwendig ist, überhaupt am Leben zu bleiben?

All die Skeptiker, die Warner und Zweifler haben recht, manche digitalen Bereiche mehr als in Frage zu stellen und hartnäckig auf plausiblen Antworten zu beharren. Genauso haben auch die Befürworter der Vertechnisierung recht in ihrer Argumentation zur menschlichen Unterstützung. Der technische Fortschritt kann zweifellos unser Leben bereichern – aber er kann unser Leben auch gefährden und beschränken. Wir müssen – wie immer – einen Kompromiss finden, einen Konsens, der es uns erlaubt, mit dem Fortschritt zusammen unser Leben so zu gestalten, dass wir nicht die Kontrolle über die moderne Technik und die Kontrolle über unser persönliches Denken verlieren. Wir besitzen ein Bewusstsein und ein Unterbewusstsein, das unsere Persönlichkeit definiert. Es ist einzigartig und nicht duplizierbar. Wir haben einen speziellen Geist, den nur wir haben. Niemand anderer hat denselben Geist, wir sind wir selbst – und das sollten wir auch bleiben und uns immer vor Augen halten, dass dies unsere größte Gabe der Natur ist. Mit diesem unseren Geist können wir Dinge gestalten, die keine Maschine, keine Technik und keine KI tun könnte. Zumindest nicht in dieser Zeit. Niemand weiß, was in hundert, fünfhundert oder tausend Jahren möglich sein wird und niemand kann sagen, ob die Menschheit es schaffen wird, den nächsten Evolutionssprung schadlos zu meistern. Aber das müssen wir auch nicht, denn wir befinden uns in der Gegenwart und im Jetzt. Jetzt, hier und heute müssen wir unseren Geist bezähmen können, ihn beherrschen und ihn vor allem beruhigen. Denn nur in der Ruhe des Geistes können wir klar denken und klar entscheiden. Unsere

Entscheidungen basieren auf dem Mittel von Vernunft, Moral, Ethik und diesem unbestimmten Bauchgefühl, auf das wir uns meist verlassen können. Solche Entscheidungen für uns selbst, für unsere Lieben, unsere Familie und Freunde zu treffen – das ist dann die wahre Freiheit, die unser größtes und heiligstes Gut sein muss und unter allen Umständen zu erhalten sein muss. Diese Freiheit muss sich nur unterordnen den gesellschaftlichen Rahmenbedingungen und dem menschlichen friedfertigen Miteinander. Kein künstliches Etwas sollte auch nur den Hauch einer Partizipation damit erobern.

Aus dieser Freiheit, die wir selbst besitzen, können wir unser Denken variieren und da ansetzen, wo eine äußere Freiheit endet. Unser Geist hat alle Freiheiten, die uns das Privileg unserer Lebensumstände bietet. Die nötigen Regenerationsnischen, die wir brauchen, um uns zur inneren Ruhe zurückziehen zu können, gestalten wir selbst. Um sich der tiefen Kontemplation hinzugeben, benötigen wir keine App, keine Anweisungen, keinen digitalen Ratgeber und keine Aufforderung dazu. Wir sind in der Lage, ein eigenes persönliches Gebiet abzustecken, das nur uns gehört. Einen geistigen Raum, in dem außer uns selbst niemand Zugang hat. Sich dahin zu begeben, sollte ein Teil unseres alltäglichen Lebens sein, um nicht nur Kompensation zu schaffen, sondern und vor allen Dingen, sich in der von Seneca beschriebenen Seelenruhe einzubetten und jegliche Gedanken einfach ziehen zu lassen. Wenn durch die meditative Praxis auch noch das Bewusstwerden von Sein und Vergehen im Zentrum steht, können wir ruhig und angstfrei ein besonderes Leben genießen, das uns so viele unendliche Möglichkeiten bietet.

## Leben und noch mehr Leben

Unser aller Leben spielt sich in der Regel unter bestimmten Rahmenbedingungen ab. Neunzig Prozent der Deutschen müssen sich ihren Lebensunterhalt selbst verdienen, um sich und ihre Familien versorgen zu können. Ob jetzt diejenigen, die so vermögend und unabhängig sind, dass Arbeit lediglich der Freizeitbeschäftigung dient, glücklicher sind als all die vielen anderen, kann sehr bezweifelt werden. Geld und Reichtum macht nicht glücklicher – aber es vermag wohl die vielen Wege zu ebnen, die dazu führen könnten. Wenn wir das Leben eines Durchschnittsbürgers ansehen, ähnelt sich das alles sehr. Man wird geboren, hoffentlich in einen intakten Familienbund, die Eltern sind beide für die Erziehung involviert, Kindergarten, Schule, vielleicht weiterführende Schulen, dann Ausbildung oder Studium und schließlich einen Beruf, in dem man sein Geld verdient, um eben sich und die Familie versorgen zu können. Etliche gehen in die Selbständigkeit, um unabhängiger sein zu können, aber die Allermeisten werden in einem beruflichen Abhängigkeitsverhältnis bleiben. Das ist der übliche grobe Lebenslauf, den die meisten einschlagen. Vielleicht entstehen mehrere Gebilde daneben. Vielschichtige und wichtige, kontinuierliche und sporadische, vielleicht künstlerische oder sportliche – es gibt hunderte Möglichkeiten, sein Leben außerhalb des Kerns zu gestalten und zur angenehmen Kompensation zu verwenden. Der Mittelpunkt bleibt in der Regel derselbe, bis wir das Rentenalter erreichen. Es ist das Bemühen, seinen Lebensstandard nicht nur zu halten, sondern vor allem zu erhöhen und zu erweitern. Die Gier nach mehr, vielleicht nach den Statussymbolen, nach Anerkennung, nach

Sicherheit und nach Erfolg werden uns schon in die Wiege gelegt. Die gesellschaftlichen Konventionen, unsere Erziehung, die fast schon gebetsmühlenartig geforderte Ambition für die herrschenden Markt- und Gesellschaftsgesetze gestalten unsere innere Überzeugung so lange, bis wir sie tief in uns aufgenommen haben als Teil unserer Persönlichkeit und als Überzeugung eines guten Lebens. Wohlstand und materielle Sicherheit sind die Götter, die wir anbeten und dies in Zweifel zu ziehen, wäre schon reine Blasphemie.

Die freie Marktwirtschaft ist das dominierende Symbol, das aufgrund von immer größer werdender Profitgier längst schon Risse bekommen hat. Das Auto, das so lange Zeit das deutsche Statussymbol Nummer eins gewesen war, hat diesen Status längst verloren. Die nachfolgenden Generationen legen darauf keinen großen Wert mehr. Das Auto – unabhängig, welche Umweltprobleme das jetzt mit sich bringt – tendiert immer mehr lediglich zu einem praktischen Fortbewegungsmittel, mit dem man von A nach B kommt. Natürlich wird es immer Menschen geben, die sich durch ihr Fahrzeug definieren wollen. Aber die Tendenz geht – und ich war über mein gesamtes Berufsleben derselben Überzeugung – nicht mehr über materielle Bereicherung oder irgendwelche indoktrinierten Statussymbole. Junge Intellektuelle, die eine fundierte Wissensausbildung haben, erklären bei der Jobsuche nicht mehr das Gehalt als unbedingt ausschlaggebend, sondern die Umstände und Rahmenbedingungen für ihre Arbeit. Man geht einfach davon aus, dass die Bezahlung der Stellenbeschreibung entspricht. Verhandelt wird vielmehr über die Arbeitsplatzumgebung, die Möglichkeiten der flexiblen Jobgestaltung, Geschäftsreisen nur erster Klasse und die Festlegung einer vernünftigen Arbeitszeit. Beruf und Privatleben müssen sich ergänzen und dürfen nicht in einem Widerspruch zueinander stehen. Leider stehen die meisten deutschen Unternehmen noch sehr unter einer seltsam konservativen Peitsche, die die Arbeitsbedingungen der letzten siebzig Jahre beibehalten wollen und nichts davon wissen wollen, ob ihre Mitarbeiter zufrieden sind oder nicht. Es ist noch nicht einmal zehn Jahre her, dass ein ehemaliger Vorgesetzter zu mir sagte, er fände es unglaublich und völlig unmöglich, wenn die Mitarbeiter ihre Einsatzpläne nach Freizeit planen und nicht nach der Arbeit. Auf meine ironische Nachfrage, ob er in den Sechzigern hängen geblieben war oder versäumt hat, die Veränderungen der Arbeitswelt zu erkennen, erntete ich nur verständnisloses Kopfschütteln. Unsere Nachbarländer sind da mitunter sehr viel weiter und manche Großunternehmen bieten ihren Mitarbeitern eine mehr als angenehme Atmosphäre. Ein vorzeige fähiges Paradebeispiel sind die Arbeitsbedingungen der Ärzte, die in unseren Krankenhäusern arbeiten. Schichtarbeit, Überstunden, Schließen von Personallücken und völlige Überlastung gestalten ihren Arbeitsalltag. Der Verdienst hinkt ihrem Wissen nach jahrelanger Ausbildung hinterher und viele kehren aufgrund der prekären Personalsituation Deutschland den Rücken. In Skandinavien wird Hospitalärzten und vor allem den Landärzten eine ganz andere Grundlage geboten. Nicht nur, dass ihr Verdienst wesentlich höher ist als hier in diesem Land, sie haben auch geregelte planbare Arbeitszeiten und ein zusammenhängender Urlaub endet nicht nach zwei Wochen. Man hat erkannt, dass eine fundamentale Erholung erst nach drei Wochen einsetzen kann und somit werden die Angestellten mindestens vier Wochen in den großen Urlaub geschickt. Das ist nur ein Beispiel von vielen, das die Situation in Deutschland in puncto Fachkräftemangel, Arbeitsbedingungen, Arbeitsplatzgestaltung und Regeneration beschreibt. Gerade in Europa sind uns manche Nachbarländer in diesem Bereich weit voraus, obwohl Deutschland doch eine der stärksten Wirtschaften weltweit ist. Sie haben erkannt, dass zufriedene Mitarbeiter auch engagierte und produktive Mitarbeiter sind, die kreativ und begeistert Projekte voranbringen. So viel ich weiß, sind manche Abteilungen bei Google längst nicht mehr Arbeitszeit abhängig, sondern nur noch Projekt abhängig. Wie viele Stunden sie in der Firma verbringen, bleibt ihnen überlassen. Von den vielen besonderen sozialen Einrichtungen will ich gar nicht reden. Natürlich ist nicht alles rosarot, aber damit will ich aufzeigen, dass sich auch die Arbeitswelt drastisch verändert, nicht nur in der Form der Arbeit und nicht nur für die Arbeitnehmer, sondern auch und besonders für die Unternehmer und deren Führungsmethoden. Das Einbinden von Teilen der Belegschaft in hochkomplizierte unternehmerische Entscheidungen sind da nur einige Punkte für wirtschaftliche Veränderungen, die nicht nur den Angestellten, sondern auch den Unternehmen zu Gute kommen können.

Nun, was hat das jetzt alles mit unserem Thema zu tun? Und was soll dieses Kapitel uns sagen? Eine ganze Menge, denn unsere individuelle Lebensweise ist sehr eng verstrickt mit dem, was wir beruflich tun oder gar tun müssen. Wir brauchen Zeitpläne, um nicht nur einen Führungsfaden zu haben, sondern auch um die Zeitnischen festlegen zu können, sich zurück ziehen zu können. Wenn von mir schon im Alltag Höchstleistungen erwartet werden, ist es notwendig, einen adäquaten Ausgleich zu schaffen. Ob der jetzt körperlich oder geistig stattfindet, spielt erst einmal eine zweitrangige Rolle. Aber wenn ich gewillt bin, Meditation, Yoga, eine Weiterbildungsmaßnahme oder eine Sportart zu meinem Ausgleich herzunehmen, dann brauche ich auch ein Zeitschema, um mir einen Plan zu erstellen, der mir eine Grundlage für eine gewisse Kompensation geben kann und damit eine Balance erstellt, die – es wurde schon öfters erwähnt – auf einem Weg der Mitte verläuft, der unser ganz persönlicher roter Faden des Lebens und auch des Sterbens sein soll.

Jeder Mensch hat nun mal den Drang, glücklich zu sein. Manch einem strömt das Glück automatisch zu, als wenn er ein spezielles Magnet in sich trägt. Ohne viel dafür zu tun, erfreut er sich an seinem Traumjob, seinem Lebenspartner/In, vielleicht ein Lottogewinn oder er ist einfach glücklich über seinen perfekten Gesundheitszustand. Ich kenne genügend andere Menschen, die in ihrem Leben – nach unseren Maßstäben – mehr Pech als Glück hatten. Mieses Elternhaus, falsche Partnerwahl, alleinerziehend, schlecht bezahlter Job, finanzielle Schwierigkeiten und dann noch gesundheitliche Probleme. Ich bewundere Menschen, die trotz der vielen Rückschläge immer weiter machen. Ich habe großen Respekt vor diesen Menschen, die nicht aufgeben, die immer diese Hoffnung in sich tragen, dass sich schlimme Situationen auch ändern können.

In meinem Bekanntenkreis habe ich so einen Fall. Mittlerweile ist sie fast fünfzig und hat wirklich viele Sorgen und Probleme hinter sich gebracht. Die Eltern waren frühzeitig verstorben. Sie hat mit einem Mann zwei Kinder in die Welt gebracht, aber die Ehe hat nicht gehalten. Also war sie allein erziehend, der Vater zahlte keinen Unterhalt, ging nicht arbeiten und kümmerte sich sehr unregelmäßig um seine Kinder. Als Mutter von zwei Minderjährigen konnte sie lediglich Teilzeit arbeiten, also war das Einkommen entsprechend niedrig. Trotzdem kam sie gerade so über die Runden. Die vielen Streitigkeiten über Unterhaltspflichten, unregelmäßige Zahlungen und die permanente Anlaufstelle des Jugendamtes, die die

Eintreibung beim Vater in die Wege leiteten, waren nicht dafür geeignet, ein sehr glückliches, sorgloses und zufriedenes Leben zu führen. Urlaub war viele Jahre ein Fremdwort und das Hauptaugenmerk lag immer auf den Kindern, dass es ihnen gut gehen würde. Viele Jahre ging das so – solange, bis die Kinder größer wurden, selbständig und ihrerseits in die Ausbildung und Arbeit gehen konnten. Heute sind die schlimmen Zeiten überwunden, die geprägt waren von Verzicht und Sparsamkeit. Sogar Urlaube waren wieder möglich und ich erinnere mich an die große Freude, die sie ausstrahlte, als sie und eines der Kinder zusammen eine Flugreise antraten.

So wie ihr geht es bestimmt vielen Menschen. Schicksalsschläge und prekäre Lebensumstände sind nicht immer hausgemacht und nicht jeder findet irgendwann sein eigenes Lebensglück, auch wenn er sich noch so bemüht. Daneben kenne ich aber auch einige, die alle Möglichkeiten der Welt hatten und haben, aber aufgrund ihrer Ängstlichkeit, ihres übersteigerten Sicherheitsdenkens und ihres Phlegmas sprichwörtlich nicht aus den Startlöchern kommen. Niemals konnten sie sich aufraffen, einmal etwas zu tun, das eben nicht zu den Dingen gehört, die man ein Leben lang als Pflicht zu tun hat. Nie haben diese Menschen ihren inneren Schweinehund überwinden können, um ab und zu ihre selbst auferlegten Grenzen hinter sich zu lassen und manchen Träumereien einfach mal die Erfüllung zu gönnen. Ein recht guter Freund – wir kennen uns schon viele Jahrzehnte – ist so ein Beispiel. Ein Mensch, der aufgrund des Elternhauses und einer bürgerlichen Erziehung nie wirklich aus sich herausgehen konnte. Introvertiert wie ich – darum verstehen wir uns eigentlich sehr gut – aber der Typ Mensch, der nicht über seinen Schatten springen kann. Sein Lebenslauf war bislang recht linear gewesen, keine großen Höhepunkte und auch keine nennenswerten

Tiefpunkte – sofern ich das beurteilen kann. Mittlerweile ist auch er aus dem Berufsleben ausgeschieden, er ist Besitzer mehrerer Wohnungen, finanziell vollkommen unabhängig und wohnt in einer riesigen Penthauswohnung. Ich weiß, dass er eigentlich immer eigene Kinder haben wollte, aber es fehlte die richtige Frau, für die das auch ein Lebenswunsch gewesen wäre. Er lebt in einer Beziehung, aber jeder für sich in der eigenen Wohnung. Als ich ihm einmal in einem längeren Gespräch vorgeschlagen habe, etwas ganz alleine zu unternehmen, um den Alltag einmal weit hinter sich zu lassen wie zum Beispiel alleine irgendwohin zu fliegen und dort nur mit sich selbst das Land zu erkunden, bestätigte er mir die große Ängstlichkeit, die er dabei hätte. Meine Bemerkung, dass doch so etwas genau das Richtige wäre, seine innere Furcht zu vernichten oder zumindest auf ein normales Maß zu senken, konnte ihn nicht überzeugen. Aber ich bin mir immer noch sicher, dass mein Vorschlag ihn zum Nachdenken gebracht hat. Bis heute kann ich nicht sagen, ob er sich jemals richtig glücklich gefühlt hat. Vielleicht hat er, vielleicht auch nicht. Männer sprechen nicht so gern über ihr intimes Gefühlsleben. Aber in seiner Introvertiertheit kann ich mir das nicht so recht vorstellen. Introvertierte Menschen tun sich oft schwer, sich richtig glücklich zu fühlen, obwohl sie es vielleicht sind. Es fehlt die Akzeptanz für sich selbst. Ich finde das schade, denn er hat das eigentlich verdient, richtig glücklich sein zu können. Was mir wiederum nachdrücklich bestätigt, dass man für ein gutes und erfüllendes Leben wirklich selbst sorgen muss. Niemand kann einem dies abnehmen und das wäre auch nicht sehr sinnvoll. Denn wie wir inzwischen ja wissen, ist das Glück etwas sehr individuelles und absolut Persönliches. Dies kann nur jeder für sich beantworten, aber ich bin mir recht sicher, dass niemand glücklich wird, wenn er seinen monotonen

Alltagstrott nicht ab und zu verlässt und nur damit beschäftigt ist, in einer trügerischen Sicherheit zu leben. Es ist doch genau das andere, das Neue und vielleicht sogar das Fremde, das auf uns Faszination ausübt. Etwas, das ich täglich tue und erlebe, wird mich nicht zu Freudensprüngen verleiten, vor allem, wenn ich dies schon jahrelang so handhabe. Es heißt ja immer, verlasse deine Komfortzone und nehme dein Leben selbst in die Hand. Den Begriff „Komfortzone" würde ich zuerst weglassen, denn es ist ein dummes Wort. Und wer will sich denn anmaßen, die Grenzen einer Komfortzone festlegen zu wollen? Aber dass man sein Leben in die eigene Hände nehmen muss, das würde ich ohne viel Nachdenken unterschreiben. Manchmal muss man eben ein Risiko eingehen, um neue Grenzen abzustecken. Die Form des Risikos kann ich ja selbst festlegen, ganz nach meinem individuellen Anspruch. Für manchen beginnt das Risiko bereits, wenn er sich weiter als hundert Kilometer von seinem Zuhause entfernt. Und ein anderer bezeichnet sein Risiko erst dann, wenn ihm in der Wüste das Wasser ausgeht – überspitzt formuliert.

Unser Alltag paralysiert uns und macht uns träge. Wir alle haben einen Alltag, in dem sich viele Tätigkeiten ständig wiederholen. Das ist ja nicht das Schlechte daran, aber diesem Alltag kann ich doch ohne Weiteres Farbe hinzufügen. Nichts ist aufregender als die Vielfalt, das Bunte im Leben und das farbenfrohe. Das Leben, das wir leben, ist nicht so lang, wie wir vielleicht annehmen. Es sollte sich niemand leisten, viel davon zu verschwenden.

Hätten Sie gedacht, dass die meisten Menschen ein Problem damit haben, sich alleine in ein Café zu setzen? Oder abends alleine in ein Restaurant zu gehen? Tatsächlich sind es hauptsächlich die Frauen, die damit eben gar kein Problem haben. Wenn Sie im Sommer einmal durch die Stadt gehen,

achten Sie einmal – je nach Tageszeit – auf die Menschen, die alleine in einem Straßencafé sitzen. Richtig, es sind in der großen Mehrheit Frauen. Nein, die Rechtfertigung, dass Männer tagsüber arbeiten müssen, gilt nicht. Auch wenn sie nicht arbeiten, würden die wenigsten Männer das tun. Warum? Sind Frauen selbstbewusster als Männer? Oder haben sie mehr Mut? Vielleicht überwinden sie leichter ihre inneren Hemmschwellen...und noch interessanter wäre es zu wissen, welcher prozentuale Anteil der Menschen überhaupt alleine in ein Lokal gehen würde.
Sie haben recht, wenn Sie sagen, dass man über seinen Schatten springen muss, um das zu tun. Natürlich nicht jeder, das soll hier auch bemerkt sein. Ich nehme mich dabei nicht aus. In früheren Jahren wäre ich niemals alleine in eine Kneipe, ein Café oder gar in ein Restaurant gegangen. Es war mir lange Zeit irgendwie unangenehm, peinlich und fast schon demütigend. Ich hatte einfach damit große innere Hemmungen und meine Schüchternheit potenzierte das nur. Oh, schau, der hat ja niemand, mit dem er was machen kann...oder mein Gott, der arme Kerl muss alleine an einem Tisch sitzen... Diese und noch mehr vollkommen absurde Gedanken gingen mir damals lange Zeit durch den Kopf. Es war auch eine gewisse Ängstlichkeit, sich auf irgendeine Weise zu blamieren oder eine Aufmerksamkeit auf sich zu lenken, die man partout nicht möchte.
Komischerweise war das „Allein-Reisen" etwas ganz anderes gewesen. Das konnte ich mir immer vorstellen, aber viele Jahre fehlte mir dazu der Mut, das auch wirklich zu tun. Heute ist das alles längst Vergangenheit. Meine Neugierde und meine Sehnsucht haben meine innere Ängstlichkeit mit Leichtigkeit eliminiert. Auch solche Dinge bedeuten, seine Komfortzone zu verlassen, wo auch immer sie sich ansiedeln sollte. Und für alle Dinge gibt es das erste Mal, selbst für so etwas eigentlich Banales wie einen Kaffee

trinken. Als ich das allererste Mal alleine unterwegs gewesen bin, war ich bereits fünfunddreißig. Da erst konnte ich über einen – zugegeben großen Schatten – springen, buchte einen Flug nach Bali...und war tierisch aufgeregt und gespannt. Ich war nervös und hektisch, aber nicht ängstlich.
Es waren nur vierzehn Tage, die ich von meiner Familie getrennt war, aber dieser kurze Zeitraum hatte ausgereicht, meine Blockaden und inneren Schranken einzureißen. Zumindest in der Art, dass ich keine Probleme mehr damit hatte, auf fremde Menschen zuzugehen, sich alleine in ein Lokal zu begeben oder Dinge in fremden Ländern zu organisieren, die mir auch wichtig waren. Und was soll ich sagen? Es war einfach großartig und schon nach ein paar Tagen war meine Unsicherheit verschwunden. Dann erst konnte ich genießen. Aber natürlich war das auch eine Taufe, eine Prüfung und eine Überwindung des eigenen Selbst, um diesen inneren Druck vollends ablegen zu können.
Heute mache ich mir deswegen keine Gedanken mehr, aber ich verstehe sehr gut, wenn sich Menschen scheuen, alleine etwas zu unternehmen. Sollten Sie zu diesen Menschen gehören, machen Sie einfach einmal einen kleinen Test, setzen sie sich alleine in ein Straßencafé und beobachten sie Ihre Umgebung. Und hören Sie tief in sich hinein, fragen sich, wie Sie sich im Augenblick fühlen. Es spielt keine Rolle, was andere über Sie denken, es ist nur wichtig was Sie über sich denken. Sie werden feststellen, wie gut Sie sich danach fühlen werden. Für viele ist das vielleicht Unfug und unverständlich, aber für sehr viele bedeutet das durchaus eine große Überwindung. Glauben Sie mir, ich weiß, wovon ich spreche.
In meinem Freundes-, Bekannten- und Kollegenkreis habe ich in meinem ganzen Leben nicht einmal eine Handvoll Menschen kennengelernt, die alleine auf Reisen gegangen

sind. Umso überraschter war ich, als ich auf meinen Reisen so viele kennenlernen durfte, die alleine unterwegs waren – was nicht bedeutet, dass ich zu Hause nur von ängstlichen Individuen umgeben war. Im Gegenteil.
Solche kleinen Dinge sind es dann, die die Qualität unseres Lebens ausmachen können. Wenn das Selbstbewusstsein gestärkt wird, dann sind auch noch ganz andere Dinge möglich. Wenn die tief sitzenden Ängste überwunden werden, dann öffnet sich die Seele, der Geist und das Herz. Die Aufnahmefähigkeit steigt und dabei auch eine gewisse Neugierde. Grenzen werden nach außen verlegt und spielen irgendwann keine Rolle mehr. Gleichzeitig vergrößert dies auch die Sicht auf das Leben. Nicht nur auf das eigene, sondern auch auf das Leben grundsätzlich. Wenn diese Sichtweise die eng stehenden Mauern eingerissen hat, öffnet sich auch der Blick in eine wesentlich größere Dimension, die man vorher – vielleicht schon viele Jahre – niemals für möglich gehalten hatte. Aber diese Sicht kommt nicht einfach so, sondern man muss sehr wohl seine begrenzte Lebensart überschreiten, um etwas Neues formen zu können. Es gibt dafür so unendlich viele Möglichkeiten, die ein jeder intuitiv weiß, aber sein Ego in seinem rigorosen Sicherheitsdenken nicht zulassen will. Dabei ist man eigentlich nur einen ganz kleinen Schritt davon entfernt. Es ist ein Quantensprung – und wenn der einmal vollzogen ist, gibt es nur noch niedrige Hürden.

In meinen letzten Jahren der Schulzeit hat sich bei vielen meiner Schulfreunde bereits heraus kristallisiert, was sie – zumindest erst mal beruflich – später tun wollten. Manche hatten eine vage Vorstellung davon, manche ganz konkrete und wieder andere, so wie ich, eigentlich gar keine. Ich erinnere mich an einen Schulfreund ganz besonders, weil er schon frühzeitig gegen bestehende Konventionen rebelliert und seine eigenen Ansichten stets vehement verteidigt hatte. Hochintelligent, ambitioniert, streitbar, nachdenklich und offen für alles Mögliche. Er hatte einen ganz speziellen Freundeskreis, der mich damals sehr faszinierte. Es waren viele Mädchen dabei, oft älter als er selbst, mit einem ganz anderen Weltbild als ich das in meinem eigenen Bekanntenkreis lebte. Eines dieser Mädchen blieb mir dabei bis heute sehr im Gedächtnis hängen. Eine Schönheit mit langen dunklen Haaren, in denen kleine farbige Perlen geflochten waren. Ohrringe, die mehr an die Hippies der Sechziger erinnerten, eine sehr extravagante bunte Kleidung und ein Lächeln, das mir als unbedarfter Sechzehnjähriger wie das einer Madonna vorkam. Ich weiß noch, wie ich fasziniert ihrer Stimme gelauscht hatte. Sie war ruhig und weich, leise und trotzdem absolut intensiv. Ihre Augen hatten dieses leuchtende Strahlen in sich, das ich später nur noch selten bei Menschen gesehen habe. Sie kam mir so unnahbar vor und gleichzeitig hatte ich das Gefühl, niemals einem Menschen so nahe gewesen zu sein. Aber neben ihrer atemberaubenden Schönheit bleibt mir vor allem ihre Persönlichkeit im Gedächtnis. Sie sprach von Lebensträumen und Vorstellungen, die ich in meinem eigenen engen Lebensbild noch gar nicht in Erwägung gezogen hatte. Sie sprach von einer Freiheit, die ich in dieser Form und aus dieser Sicht noch gar nicht in Betracht gezogen hatte. Ich fühlte schon als Jugendlicher, wie dieses Mädchen ihr Leben so ganz anders gestalten wollte wie es von einer damals konservativen und teils immer noch autoritären Gesellschaft erwartet wurde. Sie war eine stille Rebellin, die sich in ihren eigenen Stil nicht hineinreden ließ. Sie hatte mich wahrlich sehr beeindruckt. Die Begegnung mit ihr war etwas ausgesprochen Besonderes, das ich nie vergessen habe und hoffentlich auch niemals vergessen werde.

All diese neuen Freunde symbolisierten für mich genau das, was ich tief in mir auch selbst empfand und in meinem eigenen Freundeskreis niemals finden konnte. Es war dieser Spirit von Freiheit, Anderssein, das Ausloten von Möglichkeiten für einen eigenen, alternativen Lebensstil und eine Lebenslust, die mich tatsächlich vollkommen eingenommen hatte. Von Anfang an war da diese gedankliche Verbundenheit, die ich später so sehr suchte und nur ganz selten finden würde. Damals wusste ich das noch nicht, aber später wurde mir klar, dass in der Gruppe eine unglaublich hohe emotionale Intelligenz vorhanden war. Ich wurde ohne irgendwelche Skepsis oder gar Aversion akzeptiert und konnte kaum glauben, wie frei man sich fühlen konnte, wenn die richtigen Leute bei dir sind. Niemals werde ich vergessen, als dieses so offenherzige süße Mädchen mich zum Abschied geküsst hatte. Man darf nicht vergessen, ich war sechzehn, hatte von Mädchen im Grunde genommen Null Ahnung und wurde von einer Madonna geküsst. Es war einfach unglaublich schön und ich konnte einige Nächte lang nicht einschlafen, ohne – wahrscheinlich mit einem sehnsüchtigen Seufzer - an sie zu denken.

Die Begegnung mit dieser ganz besonderen Truppe hatte leider keine längere Geschichte. Ein- oder zweimal war ich noch dabei, dann löste sich alles wieder auf. Was aus den Leuten später geworden ist, weiß ich nicht und habe auch nie wieder etwas von ihnen gehört. Mein Schulfreund, der mich dahin mitgenommen hatte, ging nach den Abschlussprüfungen in eine Sprachenschule und machte seinen Abschluss. Wir hatten noch lange Zeit recht regen Kontakt, aber als er sich schon früh als Übersetzer selbständig machte und mit seinem kleinen Start-up sehr erfolgreich wurde, verloren wir uns aus den Augen. Ab und zu sind wir uns noch zufällig begegnet, aber zu ernsten

Verabredungen ist es nie mehr gekommen. Er ist mir im Gedächtnis geblieben, weil er schon so früh eine sehr konkrete und detaillierte Vorstellung von seiner Lebensplanung hatte und die auch umsetzte. Ob er dabei glücklich geworden ist oder ob er sich im Laufe der Jahre dem beruflichen Erfolg und der monetären Doktrin ergeben hat, weiß ich nicht. Jedenfalls war es zu dieser Zeit hochinteressant zu sehen, wer und wie viele meiner Mitschüler bereits Zukunftspläne machten, die ihr weiteres Leben bestimmten. Einige der Jungs habe ich viele Jahre später bei einem Klassentreffen wieder getroffen. Diejenigen, die so zielgerichtete Vorstellungen hatten, blieben auch dabei. Einige machten sich wirklich selbständig, andere gingen auf die Uni und wieder andere gaben den erlernten Beruf bald auf und machten etwas ganz anderes. Und dann gab es noch diejenigen, die einen Beruf erlernten, dabei blieben und sich irgendwann eingestehen mussten, dass sie eine falsche Berufswahl getroffen hatten. Trotzdem fügten sie sich, aus welchen Gründen auch immer. Es hatte immer etwas mit mangelnder Risikobereitschaft, fehlendem Mut und überzogenem Sicherheitsbedenken zu tun. Ich kann nicht sagen, ob sie an ihrem Leben vorbei gegangen sind und ich kann unmöglich sagen, ob sie glücklich dabei waren oder nicht. Sicher ist, dass die Extravertierten es leichter hatten, ihr Leben in die richtige Richtung zu bahnen. Introvertierte, so wie ich etwa, hegen immer irgendwelche Zweifel, sind oft nicht fähig, etwas zu ändern und wenn, dann müssen sie permanent ihren Schatten überspringen. Manche schaffen das sehr gut, manche bleiben in ihrem Schneckenhaus und sehen keine Möglichkeit, es verlassen zu können oder wenigstens das Schneckenhaus so zu vergrößern, dass es genügend Platz für mehr schaffen kann. Und wenn es auch nur die wirkliche Sicht auf sich selbst ist.

Ich habe selbst irgendwann zugeben müssen, dass meine Berufswahl katastrophal gewesen war. Schon die Entscheidung, in welchen Zweig man als Schüler einsteigen sollte, hatte mich vollkommen überfordert. Als Dreizehnjähriger war es für mich unmöglich, zu wissen, was ich mit meinem Leben einmal machen wollte. Es interessierte mich damals auch einen Scheiß. Da in den Siebzigern alle kaufmännischen Berufe mehr als angesagt waren, habe ich mich einfach der Mehrheit angeschlossen. Unfähig, nur das kleinste Risiko einzugehen, wollte ich mit den schon bekannten Schulkameraden weiter zur Schule und in dieselbe Klasse gehen. Was für ein bodenloser dummer Unsinn! In Wirklichkeit hatte ich einfach keine Lust, über meine Zukunft nachzudenken und es war mir auch zu anstrengend. Leider hatte ich auch niemand, der mich wirklich einmal zur Seite genommen und mit mir über das gesprochen hätte. Ich war nicht in der Lage, eine für mich naheliegende Entscheidung zu treffen. Also … ab in die kaufmännische Sparte. Es war ein jahrelanger Kampf und wirklich harte Arbeit. Meinem schulischen Interesse gab das keinen Schub und das einzige, das mich anspornte, war die Aussicht, bald kein Schüler mehr sein zu müssen und endlich Geld zu verdienen. Es war eine schon satanische Fahrt vom Regen in die Traufe. Meine Ausbildungszeit war geprägt von Langeweile, Angespanntheit und Desinteresse. Genauso wie ich die Schulzeit beendet hatte, endete auch meine Ausbildung. Ich war froh, wenigstens das durchgezogen zu haben. Nichts von alldem hatte mich glücklich gemacht. Frustration und das Hadern mit einem gemeinen Schicksal waren die Gefühle für meine Fehlentscheidungen. Erst als ich den Einberufungsbefehl für die Bundeswehr erhielt, konnte ich Licht am Ende des Tunnels erkennen. Endlich etwas Neues, etwas Anderes, kein Bürojob mehr, keine ungeliebte Arbeit mehr. Von wegen!! Das Licht am Ende des Tunnels entpuppte sich als der übergroße Scheinwerfer des herannahenden Zuges, der dir entgegen kommt.

Als Soldat kristallisierte sich erstmals heraus, dass ich eine gewaltige Aversion gegenüber dümmlichen Befehlen entwickeln kann. Gehorsam und sinnlose Anweisungen nährten rebellische Augenblicke. Die militärische Disziplin, Etikette und Formalausbildung taten ihr übriges, mir klar zu machen, dass meine Zukunft niemals ein militärischer Befehlsempfänger sein konnte. Die wenigsten meiner Kameraden konnten sich damit identifizieren. Trotzdem muss ich zugeben, dass die Zeit als Soldat – als Wehrdienstleistender – nicht so schlecht war, wie es immer dargestellt wurde. Da wir ja alle gleich gestellt waren, entwickelte sich eine immens gute Kameradschaft, in der jeder jedem half. Gerade in der dreimonatigen Grundausbildung war das etwas ganz Großartiges. Danach wurde Dienst nach Anweisung gemacht und wir versuchten, den monotonen Dienstplänen durch viel Spaß und noch mehr Unsinn etwas wie Kurzweiligkeit einzuhauchen. Zumindest waren diese fünfzehn Monate eine willkommene Abwechslung zu meinem erlernten Beruf gewesen. Und ich hatte Zeit, mir endlich einmal bewusst zu machen, was ich nach meiner Dienstzeit zu ändern hatte und wie ich mein weiteres Leben gestalten sollte. Keinesfalls wollte ich zurück in meinen alten Job. Also beendete ich nach dem Soldatentum die Firmenangehörigkeit und suchte einen neuen Job. Noch immer wusste ich nicht genau, was ich eigentlich tun wollte. Aber ich konnte genau sagen, was ich nicht wollte. Es war schwierig und teilweise frustrierend. Pleite, wie man nach dem Wehrdienst nun mal war, musste ich erst einmal Geld verdienen. Nach wie vor wohnte ich bei den Eltern, das mich noch mehr frustrierte und oftmals schlechte Laune verursachte. Das sollte schnellstmöglich geändert werden. Ich brauchte dringend einen neuen Freiraum. Dann fand ich einen Job, in dem ich auf Anhieb dreißig Prozent mehr verdiente wie als Angestellter in meiner Ausbildungsfirma. Der neue Job war nicht das Schlechteste und es waren sehr viele Kollegen und Kolleginnen, mit denen man arbeitete. Am Anfang war es schwierig, weil ich mir viel Wissen aneignen musste, aber nach und nach konnte ich mich einfügen. Es machte tatsächlich Spaß und man bekam für gute Leistungen sogar Anerkennung. Als mein Gehalt ohne mein Zutun nach einem halben Jahr spürbar angehoben wurde, war klar, dass ich in dieser Firma aufsteigen würde können.

Aber...so gut es dort lief im Vergleich zu den Vorjahren, so nachdenklich war ich nach wie vor. Es war ja im Grunde auch nicht das, was mich glücklich machen würde. Es machte Spaß, ja, aber mehr auch nicht. Das Gehalt war gut, ich konnte mir endlich eine eigene Wohnung leisten, ich hatte ein Auto, ein Motorrad, ich war ungebunden, frei, jung und wild auf das Leben. Und da sind wir an dem entscheidenden Punkt angekommen. Dadurch, dass ich endlich aus einem konservativen Elternhaus verschwinden konnte, spürte ich die innere Weite in mir, die so viel Möglichkeiten freigab. Es war auch das erste Mal, dass ich dieses intensive Gefühl von unbeschreiblicher Unabhängigkeit bewusst erkennen konnte. Ich konnte endlich tun und lassen, was ich wollte. Niemand schrieb mir irgend etwas vor. Ich hatte ein regelmäßiges üppiges Einkommen, der Job machte wirklichen Spaß, die jungen und hübschen Kolleginnen waren niemals abgeneigt und mein Selbstbewusstsein stieg ins Unendliche. Meine Reiseträume begannen sich festzusetzen und immer öfter wünschte ich mir, ein bisschen mehr Mut dazu zu haben. Noch war ich nicht soweit, dass ich mir das zutraute, aber ich spürte, dass es nur noch ein kleiner Schritt war. Das gute Leben hatte mich vollends im Griff, ich genoss es wie noch niemals zuvor. Ich kam wohl bei den jungen Frauen recht gut an, denn es war gar nicht nötig, einen durchdachten Annäherungsversuch zu starten. Ich musste nichts dafür tun, alle Verbindungen geschahen automatisch und ohne irgendwelche Hürden. Mein Apartment war dementsprechend vorzeige fähig ausgestattet und wurde bald so etwas wie ein Refugium für Verliebte – mit mir als Hauptdarsteller. Es war einfach schön, in den Tag hinein zu leben und die Dinge einfach auf sich zukommen zu lassen.

Seltsamerweise kamen meine spirituellen Gedankengänge dabei nicht zu kurz. Es war ja noch immer nicht klar, wohin mein innerer Weg führen sollte. Ich verbrachte viel Zeit mit Tagträumen und manchen fehlgeschlagenen Versuchen zu meditieren. Mein Fernweh begann zu schmerzen und immer öfter suchte ich mir imaginäre Reiseziele, die ich dann wieder verwarf, um Neues zu entdecken. Ich war in dieser Zeit fast glücklich, wenn ich die damalige Definition von Glück als Wertung nehme. Auch diese Bewertung wurde im Laufe der vielen Jahre immer wieder angepasst und verschiedenen Bedingungen unterworfen. Es ist ein Prozess, der niemals endet. Mein Glücksempfinden von heute unterscheidet sich erheblich von dem Glücksempfinden als junger, aufstrebender Mann. Das hat nichts mit schlechter oder besser zu tun, sondern eher mit anders, vielleicht reifer, detaillierter und konkreter. Minimalistischer. Als junger Mann wollte ich die Welt aus den Angeln hebeln, ich wollte alles und immer. Das ist der Vorzug der Jugend. Vollkommen unbedarft kann ich mich meinen Vorstellungen hingeben und überzeugt sein, dass ich das auch schaffen kann. Es ist eine besondere Freiheit und es ist ein Privileg, dies so erleben zu dürfen.

Dann lernte ich meine spätere Frau kennen. Ich lernte das Gefühl kennen, wirklich unbeschreiblich glücklich zu sein. Es war kein fremdes Gefühl mehr, oft genug war ich verliebt gewesen, war leidenschaftlich und auch glücklich. Aber das war dann doch eine ganz andere Kategorie. Wenn man die Frau seines Lebens trifft, weiß man das im Moment der Leidenschaft nur bedingt. Erst später, nach der Obsession, wird diese Erkenntnis so fest, dass es eine Wahrheit und eine Überzeugung sein muss. Endlich hatte ich die wahre Liebe gefunden und ich hielt sie fest. Nach einem Jahr des Zusammenseins war uns klar, dass wir auch zusammen bleiben würden. Dann hatte das Glücklichsein auch ein stabiles Level. Dann wusste ich, was Glück für mich bedeuten muss. Mir kam nicht in den Sinn, dass auch Glück, Liebe und Verbundenheit der Vergänglichkeit unterworfen sind. Aber es vergingen noch Jahrzehnte, bis mir das wie ein Tornado den Atem nehmen würde.

Das Leben. Es war auf einem Höhepunkt angekommen. Ein Jahr später zogen wir zusammen und nach vier Jahren heirateten wir. Unsere Beziehung war gewachsen und stabil. Ich glaube, wir waren glücklich. Wir hatten zu reisen begonnen, wollten die Welt entdecken und Neues erkunden. Wir fuhren mit einem alten VW-Bus wochenlang durch ganz Frankreich, vergnügten uns auf Korsika und bereiteten die erste Fernreise auf die Malediven vor. Unsere Hochzeit sollte etwas Besonderes für uns werden. Nicht für die anderen, nur für uns. Mein Kindheitstraum wurde zum Maßstab, nämlich einen Ort zu bereisen, der am weitesten von meinem Heimatort entfernt war. Neuseeland. Ich wollte endlich nach Neuseeland – und ich wollte auch dort heiraten. Wir besprachen das, zuerst etwas zurückhaltend und vorsichtig, dann wurde ich konkret und meine zukünftige Frau machte zuerst ganz große Augen und glaubte mir und meinen Vorstellungen nicht. Aber dann leuchteten ihre Augen und sie stimmte freudig zu. Wir buchten zwei Tickets, erzählten niemandem von unseren Plänen und flogen los.

Wir heirateten in Russell, Bay of Islands, North Island. Es war ein Dienstag Nachmittag. Ich holte mir die notwendigen Trauzeugen aus einem Motel, in dem wir wohnten und fuhren mit dem Boot über die Bucht zum Postamt, das gleichzeitig auch als Standesamt fungierte. Unsere Standesbeamtin war eine waschechte Maori. Alles, was ich mir gewünscht und mir vorgestellt hatte, war genauso abgelaufen. Dass uns überraschenderweise eine Ureinwohnerin getraut hatte, war das absolute i-Tüpfelchen. Es war so ein wunderschöner sonniger Tag – und ich wusste, was wirklich richtig glücklich-sein bedeutete.

Sechs Wochen reisten wir durch das Land, voller Freude und auch voller Stolz. Für mich ging ja nicht nur ein Kindheitstraum in Erfüllung, sondern auch die Tatsache, dass wir etwas vollbracht hatten, das in meinem damals großen Bekannten- und Freundeskreis niemand je in Betracht gezogen hätte. Es war für mich und meine Frau ein Highlight unseres Lebens und das wird es für immer bleiben. Auch wenn alles so schlimm und tragisch enden musste, denke ich noch voller Sehnsucht an diese so intensive und wunderschöne Zeit. Ich weiß es noch genau, wie ich spürte, dass diese Weltreise – denn nichts anderes war es damals – nur der Anfang von noch mehr sein musste. Wie ich schon sagte...das Magengrummeln, das die Lust auf mehr ins Unendliche steigern konnte.

Zwei Jahre später kam unsere Tochter zur Welt. Wie viel Glück kann man verkraften? Wir waren eine kleine Familie geworden und von Anfang an wollte ich meinem Kind die Welt zeigen. Konnte es kaum erwarten, mit ihr um die Welt zu tingeln.

Wiederum zwei Jahre später beantragte ich in meiner Firma eine sechs Monate dauernde Freistellung, die mir auch gewährt wurde. Als ich dem Personalchef auf Nachfrage erzählte, dass ich mit meiner Familie auf Weltreise gehen würde, war er tatsächlich beeindruckt und genehmigte mir die Auszeit. Wir verabschiedeten uns von Deutschland, von unseren Familien und Freunden und flogen im September los. Zuerst nach Hawaii, dann nach Neuseeland. Mein Kind feierte ihren zweiten Geburtstag in Honolulu am Strand von Waikiki. Ich wollte herausfinden, wie man sich fühlt, nur unterwegs zu sein, ohne große Pläne, ohne einen monotonen Alltag. Nur mit dem Ziel, unterwegs zu sein, um abends an einem Strand zu sitzen, in den Bergen, zwischen den Vulkanen oder irgendwo an einem verwunschenen See. Das war es, was ich mir unter Freiheit vorstellte. Nach Wochen hatte ich wieder dieses leichte Magengrummeln, das mir sagte, dass dies alles natürlich steigerungsfähig sein könnte.

Wir verbrachten viele Monate in diesem Land und ich fühlte dieses befreiende Gefühl der Ruhe, der Stille und der Gelassenheit. Es war fast magisch. Und obwohl ich wusste, dass diese Zeit auch einmal zu Ende gehen würde, konnte ich in mir ein ganz neues Lebensgefühl wahrnehmen. Es war fast irreal, aber stellte etwas auf einen neuen Sockel. Ich begann mich zu fragen, warum wir unser Leben nicht hier verbringen sollten. In einem Land, das so wunderbar ist, das so viel Platz bietet und eine so abwechslungsreiche Natur zur Verfügung stellt. Und vollständig vom Ozean umgeben ist. Aus einer Überlegung wurde eine Option. Ich fragte bei meinen Trauzeugen nach, die ja längst in Neuseeland lebten. Sie bestätigten ein angenehmes und gutes Leben und forderten uns auf, das ernsthaft in Erwägung zu ziehen. Ich hatte bereits einen Plan und sie boten mir ihre Hilfe bei der Umsetzung an.

Na ja, was daraus geworden ist, war klar. Meine Frau wollte das auf keinen Fall, weil ihre ganze Familie eben in Deutschland lebte. Sie wollte ihre Mutter keinesfalls verlassen und wahrscheinlich hatte sie auch nie den Mut, so einen Schritt zu gehen. Außerdem wollte sie auch nicht unsere Tochter ihrer gewohnten Umgebung entreißen. Es waren alles gute Gründe – für sie. Für mich nicht, aber ich hielt mich mit etwaigen Überredungskünsten zurück. Es würde völlig sinnlos sein, sie zu solch einem Schritt zu überreden, um später festzustellen, dass sie Heimweh hatte und wieder zurück wollen würde. Also verabschiedete ich mich von dem Gedanken und ließ ihn wieder los. Wissend, dass ich das irgendwann schwer bereuen würde - und genauso ist es auch gekommen. Bis heute stellt dieser Gedanke aber immer noch eine Möglichkeit dar.

Diese ganzen Ausführungen und Rückblenden sollen dazu beitragen, zu verstehen, dass man sein Leben mit aller Kraft und allen Möglichkeiten, die einem zur Verfügung stehen, in seine eigenen Hände nehmen muss. Das, was Sie gelesen haben, ist natürlich eine rein subjektive Sichtweise. Es soll nur als Beispiel dienen, dass man zum einen eklatante Fehlentscheidungen selbstverständlich wieder revidieren kann und zum anderen, dass sich das Leben nicht darum schert, ob wir traurig, glücklich, zufrieden oder frustriert sind. Das Leben bietet Möglichkeiten – unendlich viele Möglichkeiten. Sich damit selbst zu beschenken, ist unsere eigentliche Aufgabe. Wenn wir unser Leben schätzen und lieben, dann verstehen wir auch unseren Geist zu vergrößern und ihn so zu füllen, dass wir immer einen gewaltigen Vorrat an Hoffnung, Vertrauen, Liebe und Mitgefühl in uns tragen. Mit diesem hellen Licht, das uns erfüllt, können wir uns ohne Angst irgendwann dem Prozess des Sterbens und des Vergehens widmen, weil uns der Gedanke daran nicht mehr schreckt. Der Tod kann uns in einem ausbalancierten Zustand keine Furcht mehr bringen. Wir können uns dem Thema auf einer neutralen Ebene nähern und uns eine Überzeugung aneignen, die fern jeglicher Furcht liegen wird. Dann werden wir erkennen, dass doch alles eins ist. Alles gehört zusammen und alles steht in Abhängigkeit zueinander. Das Leben und der Tod...eine Verbindung, in der das Eine nicht ohne das Andere existieren kann. Das irgendwann akzeptieren zu können, bedeutet den ersten wichtigen Schritt zu etwas viel Größerem.

## Gelassenheit, Akzeptanz und Erleuchtung

Wenn wir durch unsere tägliche Praxis der Aufmerksamkeit und der präsenten Fokussierung eine Stufe der Automatisierung erreicht haben, können wir beginnen, Sequenzen für eine Tiefenmeditation einzubauen. Das bedeutet die totale Ausblendung seiner Umgebung und die alleinige Konzentration auf einen Geist, der die Gedanken einfach weiterziehen lässt, um den Raum dazwischen zu verlängern oder zu vergrößern.

Um diesen Zustand der absoluten Gegenwart erreichen zu können, müssen wir lernen, unsere Umgebung mit all den Problemen und Sorgen loszulassen. Wir müssen lernen, alles Belastende sein zu lassen und die Dinge einfach weg zu schließen. Das funktioniert nur durch den Augenblick, der Präsenz, die Vergangenheit und Zukunft vollständig ausschließt. Eine Möglichkeit wäre, den Fokus auf einen leeren Raum zu richten, in dem nichts ist außer dem Nichts. Vielleicht ist es auch eine Option, sich auf eine Reise durch das Universum zu begeben, sich einer Schwerelosigkeit und einer absoluten Stille zu widmen und dem Geist einfach die sprichwörtliche Ruhe zu gönnen. Während Sterne, Planeten und Galaxien an uns vorbeiziehen, können wir sie den Gedanken gleichsetzen. Gedanken, die so weit entfernt sind, dass sie uns nicht mehr berühren können. Sie sind so weit weg und spielen im Jetzt keine Rolle mehr. Der Raum ist einfach leer und beglückt uns nur mit dieser Form der Leere. Die Gedanken verbinden sich mit dieser Leere und werden dadurch zur leeren Form. Dann sind wir in uns versunken, verbleiben im permanenten Augenblick und sehen gleichzeitig das Leben in all seiner wunderbaren Pracht. Nichts stört diesen Blick und nichts vernebelt diese Präsenz.

Wir befinden uns in tiefer Meditation. Nichts und niemand hält uns fest, wir haben alles losgelassen. Das Licht erhellt alles in uns bis zur letzten Zelle, wir befinden uns in einem Zustand des allumfassenden Seins. Grenzenlos, schrankenlos, bedingungslos, formlos. Kein Leid, kein Schmerz, kein Gedanke, kein Widerspruch, kein Ding und kein Grund für irgendwas.

Gelassenheit und eine Losgelöstheit wird uns überschütten wie ein tropischer Wasserfall, Empfindungen sind nicht mehr physisch, sondern werden nur noch mit unserem absoluten präsenten Geist wahrgenommen. Wir spüren das Leben in seiner ausgeprägtesten Form und nehmen den Tod als etwas ganz Natürliches hin. Dadurch, dass keinerlei Angst besteht, können wir den Lebenskreislauf in seinem herrlichen Ablauf ohne irgendwelche Zweifel so akzeptieren wie er ist. Wir verstehen den Lebenssinn – unseren Lebenssinn – als etwas Göttliches, das tief in uns schlummert und niemals erweckt worden war. Gelassenheit, Akzeptanz und die letztendliche Wahrheit der Natur wird uns das perfekte Bild geben, das ein jeder doch insgeheim immer sucht. Nicht fähig, eine Struktur, eine Form oder gar eine Beschreibung herzustellen, wird in diesem seltenen Moment klar, dass dies auch gar nicht notwendig ist. Die Kontinuität einer immerwährenden Kausalität wird jetzt klar erkannt – mit einem Blick in ein Universum, das doch gar kein Universum für uns sein kann. Es sind Multiversen, die unser aller Leben tragen, bestimmen und letztendlich die absolute Einheit von Leben und Tod verstehen lässt. Vielleicht ist das der Augenblick der Erleuchtung – ein vollendetes Verständnis allen Seins.

## Zur Ruhe finden

Es ist mitunter eine wirkliche Meisterleistung, in unserer Leistungsgesellschaft zu einer Ruhe zu kommen, die diese Bezeichnung auch verdient. Inmitten digitaler Ablenkung, politischer Krisen und spätmoderner Leistungsansprüche scheint sie sich immer weiter von uns zu entfernen. Unser Bewusstsein lässt uns kaum zur Ruhe kommen. Gerade in den Zeiten, in denen es still wird, springt es hin und her und ist in ständiger Alarmbereitschaft. Unaufhörlich fällt ihm etwas anderes ein, das als wichtig erscheint und dringend erledigt werden muss. Selbst im Urlaub lässt es uns grübeln und murmelt ständig irgendwelche Schlagwörter, die wir ja nicht vergessen dürfen. Wir wollen das Smartphone doch gar nicht benutzen, aber was macht es schon, wenn man einen kurzen Blick auf X oder auf seinen Facebookaccount wirft, um zu sehen, wer auf den letzten Post geantwortet hat. Ach ja, und wenn wir schon dabei sind – wer hat was im whatsapp Status gepostet? Peng, schon ist die schöne Stimmung am Meer dahin. Die Gedanken sind schon weit weg von der glitzernden Wasseroberfläche, von dem angenehmen und beruhigenden Wellenschlag und von der leichten und warmen Seebrise. Wie schnell das geht, abgelenkt zu werden. Unser bewusster Geist ist ein Meister darin.

Wie kann ich mich entspannen, wenn angesichts der aktuellen Weltlage, der globalen Katastrophen, der Konflikte und der Kriege unsere durcheinander wirbelnden Gedanken das Ruhig-werden so schwer machen? Wie soll ich mich denn tiefenentspannt fühlen, wenn in Gaza so viele Kinder sterben, im Sudan ein schrecklicher und menschenverachtender Krieg tobt und Putin nichts anderes zu tun hat, als mit Nuklearwaffen zu drohen? Wie soll ich

denn mit Genuss ein Glas Wein trinken und den Sonnenuntergang fasziniert beobachten, während ukrainische Soldaten ihr Leben im Kampf für ihr Land verlieren und ihre wie auch unsere Freiheit verteidigen, wie es ja immer so schön heißt? Und noch haben wir nicht einmal den Klimawandel und den Ressourcenraubbau mit einbezogen. Oder die Sorge vor einer Verrohung der Gesellschaft und einer zunehmenden Gewaltbereitschaft und Aggression.
Es zeugt nicht von mangelndem Mitgefühl oder einer gefühllosen Ignoranz, wenn wir uns der Ruhe hingeben und dem zeitweiligen Vergessen der Welt. Die Welt hat nichts davon, wenn ich ständig die neuesten Nachrichten anhöre, mich echauffiere und aufrege über die Ungerechtigkeiten darüber und danach schlecht schlafe und meine Nerven überstrapaziere. Im Gegenteil, indem ich mich zurückziehe und zur Ruhe komme, kann ich wieder vernünftig denken und handeln. Selbst Nietzsche drängt darauf, die Türen und Fenster des Bewusstseins zeitweilig zu schließen, um in der Stille ein wenig Tabula Rasa des Bewusstseins zu schaffen. Damit wieder Platz für Neues entstehen kann.
Um wirklich und sicher zur Ruhe kommen zu können, ist die Fähigkeit und auch der Wille zur Konzentration unerlässlich. Konzentration ist ein Energieerzeuger und je besser ich dies beherrsche, desto leichter wird die Energie erzeugt, die ich benötige, um konzentriert zu bleiben. Zur Ruhe kommen geht einher mit der Eigenschaft, bei sich zu sein und Probleme und Sorgen – wenn auch nur temporär – beiseite schieben zu können. Noch effizienter wäre es natürlich, Probleme gar nicht erst zu einem Berg auferstehen zu lassen oder sie bereits im Keim ersticken zu können. Aber meistens gelingt uns das sowieso nicht und oft genug machen wir uns ja Sorgen über Dinge, die wir nicht beeinflussen können. Es wird uns nichts anderes

übrigbleiben, als zu lernen, die Welt als unsere unmittelbare Substanz regelmäßig aus dem Geist auszuschließen, um die uns eigene energetische Macht wieder aufzuladen, indem wir lernen, uns zu konzentrieren.

Wir haben bereits mehrmals auf diese Methodik Bezug genommen. Genauso wie wir fast schon rituell handeln, wenn wir beispielsweise von der Arbeit kommen, mental und körperlich geschafft, nur mit dem Wunsch, einige Augenblicke mit nichts konfrontiert zu werden und uns nur setzen wollen. An nichts denken und nichts tun. Jeder hat da seinen eigenen Ablauf. Der eine stellt sofort Radio und Fernseher an, um sich abzulenken. Andere setzen sich hin und trinken ein Bier, wieder andere wünschen das Gespräch in der Familie und dann gibt es noch die, die sofort Gesellschaft brauchen, um zu reden. Die meisten jedoch suchen sich einen Ruhepol, suchen einen stillen Ort und wollen nur in sich versunken sein. Wenigstens für eine halbe Stunde oder ein paar Minuten. Das dient dazu, seinen Akku, der sich über den Tag geleert hat, wieder aufzuladen und sich wieder in Balance bringen zu können.

Als ich noch regelmäßig das Kampfsporttraining besucht habe, bin ich sofort nach meiner Arbeit in das Dojo gefahren, weil die Trainingsstunde knapp nach meinem Arbeitsende begonnen hatte. Diese zusätzliche Anstrengung tat mir gut, weil sich alle meine über den Tag verkrampften Muskeln wieder lockern konnten. Aber noch besser waren die Minuten, die unser Sifu grundsätzlich nach einem oftmals wirklich harten Training eingebaut hatte. Es ging um Konzentration und Ruhe. Um die Fokussierung auf seinen Atem und seine inneren Energiezentren. Es wurde während dieser meditativen Minuten nichts gesprochen, wir alle hatten die Augen geschlossen, knieten auf dem Boden und hörten nur auf die Stimme des Sifu, der monoton und gehaltvoll uns zum Nichtdenken führte. Es war eine wunderschöne Übung, die mich tatsächlich zur Ruhe brachte. Danach kam mir der Arbeitstag nicht mehr so problembehaftet und stressig vor, weil diese Konzentrationsübung trotz dieser kurzen Dauer sofort eine Energieladung der Gelassenheit auferstehen ließ. Ich habe diese Art der Konzentration auch nach dem tragischen Tod unseres Lehrers beibehalten und meistens konnte ich damit der Wucht des Alltags seine Kraft nehmen.

Solche Momente, auch wenn sie noch so kurz erscheinen, sind wie mentale Oasen in einer schnelllebigen und lauten Welt, die uns selten einen Rückzug erlaubt. Auch hier gilt wieder, es nicht zuzulassen, dem nicht Einhalt zu gebieten, indem ich mich zwinge, konzentriert in einen Raum der Ruhe einzutreten, der wie eine Aufladestation der eigenen Energieakkus fungiert.

Es muss hier nicht explizit erklärt werden, was die verheerenden Folgen sein können, wenn wir nicht mehr zur Ruhe kommen können und Stress, Hektik, Sorgen, Probleme und Termindruck ein Dauerzustand werden. Erhöhter Blutdruck, Konzentrationsschwächen, schlechter Schlaf und mögliche Depression sind keine Warnzeichen, die man ignorieren sollte. Also planen Sie in Ihren Alltag feste Ruhezeiten ein, die nur für Sie selbst bestimmt sind. Beginnen Sie mit Atemübungen, bringen Sie Probleme zu Papier und schreiben Sie auf, was Sie intensiv beschäftigt und belastet. Nehmen Sie sich dazu bewusst Zeit, schreiben Sie auf, was Ihnen einfällt, seien Sie völlig unreflektiert. Scheuen Sie sich nicht, um Hilfe bei kleineren Tätigkeiten zu bitten und binden Sie Ihre Familie bei den Zeitplanungen für Ihr Ruhefenster mit ein. Wenn Sie keinen Sport betreiben, fangen Sie mit etwas an, das Ihnen Spaß macht. Sie müssen kein Leistungssportler werden und Sie müssen auch keinen Wettbewerb bestreiten. Sie müssen sich nur gut fühlen mit dem, was Sie tun. Sport hilft, Stresshormone abzubauen und verdrängt ganz natürlich Gedanken an einen Berg von Sorgen. Versuchen Sie dabei, den Kopf frei zu bekommen. Bauen Sie feste Abendrituale ein, was immer Ihnen hilft, den Alltagssorgen zu entkommen. Es spielt keine Rolle, ob es Yoga, eine Schreibmeditation oder nur eine Tasse Tee an Ihrem Lieblingsplatz ist. Lernen Sie spezielle Entspannungstechniken. Mit diesen wird gezielt der Parasympathikus aktiviert – der Teil des vegetativen Nervensystems, der besonders für Ruhe sorgt. Geeignet wären hierzu zum Beispiel Taj-Chi, Autogenes Training, Meditation, Yoga, Pilates oder eine progressive Muskelentspannung. Was immer Ihnen hilft, tun Sie es. Legen Sie besonders Augenmerk auf die Meditation, denn die Beherrschung dieser Technik wird Ihnen das gesamte Leben über als Helfer beiseite stehen und irgendwann in den letzten Stunden das Instrument sein, das aus einer vielleicht traurigen Melodie des Todes eine einzigartige Komposition schaffen kann.

## Übung und Konzentrationsfähigkeit

Es ist für jeden Menschen verständlich, dass eine angestrebte Meisterschaft niemals ohne kontinuierliche Übung, permanentes Training, stetige Fokussierung und absolute Konzentration erreicht werden kann. Ein wichtiger Gedanke für dies alles ist der Glaube an unser Bauchgefühl. Der Bauch steht für einen Ort tief in unserem Inneren, der uns spirituell leitet. Er greift nicht nach der Logik und enthält trotzdem alle Antworten, nach denen wir suchen. Manche Menschen halten den Bauch für den Sitz unserer Intuition. Der traditionelle Zen hält diesen Punkt oder Ort für unsere geistige Mitte – er befindet sich etwa fünf Zentimeter unterhalb des Nabels. Es ist jenes Zentrum, aus dem uns innere Gelassenheit erwächst.
Ohne unsere Bauchmuskeln können wir gar nichts tun. Diese Muskeln werden praktisch immer aktiviert. Wenn wir lachen, wenn wir kämpfen, wenn wir uns bewegen, sogar beim Sex. Immer wenn wir Körperteile bewegen oder Energie ausüben, brauchen wir dazu unsere Bauchmuskeln. Die Idee des Bauchgefühls beruht darauf, dass wir zu körperlicher und geistiger Stabilität finden können, wenn wir unseren Bauch anspannen und unsere Energie dort konzentrieren. Indem wir tief in den Bauch hinein atmen, können wir unsere Gedanken und gewohnheitsmäßigen Reaktionen unter Kontrolle bringen. Denn dieses Atmen lenkt unsere Aufmerksamkeit weg von unseren ichbezogenen Gedanken. Durch diese konzentrierte Achtsamkeit erzeugen wir die spirituelle Kraft, die wir brauchen, um ständig in einem Zustand wacher, bewusster Gelassenheit zu leben, in dem eben nichts falsch ist und alles einen Sinn ergibt. Konzentrieren Sie sich stets auf diese Körperregion, egal, ob Sie in Bewegung sind oder still

sitzen. Trainieren Sie Ihr Gehirn darauf, dieses Bauchgefühl als ein zweites Gehirn anzuerkennen. Stellen Sie sich vor, dass direkt unter Ihrem Nabel eine glühend heiße Feuerkugel sitzt. Wann immer Ihre Aufmerksamkeit von diesem Ort abschweift und nach oben steigt, lenken Sie sie mithilfe Ihrer Atmung sofort wieder in diese innere Mitte zurück. Stellen Sie sich vor, dass dies für Sie lebenswichtig ist. Leben und handeln Sie immer aus dieser inneren Mitte heraus, egal, was passiert.

Es wird schon beim Stillsitzen nicht einfach, sich ständig auf seinen Bauch zu konzentrieren. Es wird noch schwieriger, wenn man sich bewegt. Atmen Sie diese Worte, die Sie gerade gelesen haben, in Ihren Bauch hinein und konzentrieren Sie sich nur noch auf Ihren Bauch, bis Sie nur noch ein großes Bauchgehirn sind, atmend und lachend.

Verlassen Sie sich darauf, dass der Bauch unser spirituelles Zentrum ist und verlassen Sie sich darauf, dass all Ihre Probleme spirituelle Leiden sind, für die es auch spirituelle Lösungen gibt. Wenn Sie diese Praxis vierundzwanzig Stunden am Tag begleitet, dann werden Sie spüren, wie das Leben zufriedener und sinnerfüllter werden kann. Auch wenn Sie dieses Vertrauen vorläufig noch nicht aufbringen können, lassen Sie einfach die Zweifel zu und atmen Sie tief in Ihren Bauch hinein. Im wahrsten Sinne des Worte leben Sie aus Ihrem Bauch heraus, wenn Sie wirklich ein sinnvolles und gelassenes Leben führen möchten.

Um diese Praxis so weiter zu führen, dass innere Gelassenheit erreicht werden kann, müssen wir uns auch um den Zustand der inneren Stille bemühen. Wenn unser Geist auf Hochtouren arbeitet, selbst wenn wir ruhig dasitzen, können Stress, Kummer, Sorgen und gesundheitliche Probleme entstehen. Wenn unsere Gedanken weiter rasen, entfernt uns das nur noch weiter von der Gelassenheit.

Selbst wenn der Körper zur Ruhe gebracht worden ist, hört das Geplapper in unseren Gedanken nicht auf, denn unser Geist wehrt sich gegen das Stillsein. Grund dafür ist, dass das Stillsitzen auch unwillkürlich das Denken verlangsamt und dann nicht mehr über alles Kontrolle ausüben kann. Unser kleinliches, penetrantes und egozentrisches Ich will aber unbedingt alles unter Kontrolle haben, darum setzt es alles daran, uns in Bewegung zu halten – meistens setzt es sich damit auch durch.

Also müssen wir uns fragen, wie wir unser Denken in den Griff bekommen. Wir brauchen dazu auch nicht unsere Willenskraft, um die Gedanken zur Ruhe zu bringen – es hat eh nie funktioniert. Es geht – nicht überraschend, aber zwingend – um unsere Atmung. Atmen Sie. Konzentrieren Sie sich auf die Atmung, auf jeden Atemzug. Legen Sie in jeden Atemzug Ihre gesamte Energie und Ihre ganze Seele, lenken Sie gleichzeitig Ihren Atem immer tiefer in Ihren Bauch hinein. Und jedes Mal, wenn Ihre Gedanken abzuschweifen drohen, holen Sie sie wieder zurück und konzentrieren sich mit Ihrer ganzen Kraft und Aufmerksamkeit auf jeden Atemzug. Es wird nicht leicht sein, denn immer wieder wird es Gedanken und Geräusche geben, die Sie davon ablenken. Doch irgendwann wird der Punkt kommen, an dem Sie für den Bruchteil einer Sekunde eine so totale Konzentration auf Ihre Atmung erleben, dass alle Gedanken und alle Ablenkungen von außen zum Stillstand kommen. In diesem Raum zwischen den Gedanken wohnt Ihre innere Wahrheit, offenbart sich Ihr wahres Wesen. Je mehr Sie das üben, desto länger werden diese Augenblicke werden, bis Sie sich schließlich ganz und gar in dieses konzentrierte Atmen versenken können. Ganz tief in Ihren Bauch hinein. Sie werden erkennen, wie wertvoll diese Übung ist und Sie werden eine nie gekannte Zufriedenheit und ein tiefes Gefühl der Einsicht erleben.

Wenn Sie sich täglich in diese konzentrierte Atemübung versenken, wird folgendes passieren:
die Bewegungen Ihres Körpers werden langsamer, Ihre Atemzüge werden tiefer, das Tempo Ihrer Gedanken beginnt sich zu verlangsamen, Ihr Herz schlägt langsamer, Zorn, Ängste und depressive Stimmungen legen sich, Schmerzen lassen nach.
Sie sind in der Lage, all das zu erreichen, also konzentrieren Sie sich, bewahren Sie eine positive Lebenseinstellung und atmen Sie sich in den Zustand der inneren Gelassenheit hinein. Je bewusster Sie Ihre Atmung wahrnehmen, desto dankbarer werden Sie für dieses Geschenk der Atmung sein. Denn Ihr Atmen ist schließlich Ihr Leben. Vor dieser Übung haben Sie Ihren Atem wahrscheinlich als etwas Selbstverständliches hingenommen. Jetzt dürfte das anders sein, denn sobald der Quell Ihres Lebens für Sie nicht mehr selbstverständlich ist, werden Sie auch an alle anderen Menschen und Dinge und Umstände mit einer veränderten Einstellung herangehen.

Sie haben erkannt, was das eigentliche Geheimnis von Konzentration, Übung und bewusster Gelassenheit ist. Wir müssen immer und überall in der Gegenwart sein, im Hier und Jetzt, bei uns selbst, in jedem Augenblick. Ob wir stehen, gehen, sitzen, ob wir hören, sehen oder essen, die Kultivierung des Da-Seins ist das Mittel zur inneren Gelassenheit und der inneren Ruhe und Stille. Es ist Voraussetzung für die Fähigkeit, die Gedanken anzuhalten und in diesem Raum des Nichtdenkens zu verweilen und sich zu versenken. Das ist Meditation und ein Zuhause für unseren Geist, aus dem er nicht nur Kraft schöpft, sondern auch den Raum für eine unendliche Weite.

Folgen Sie nicht dem Drang, die Gedanken in die Zukunft huschen zu lassen und der Gegenwart keine Aufmerksamkeit oder zu wenig davon zu geben.

Wenn Sie wandern gehen oder sogar auf einem Pilgerpfad sind, achten Sie einmal auf Ihren Geist und auf Ihren Gedankenstrom. Einer der besten Übungen, die es gibt, ist das Pilgern auf dem Jakobsweg. Der traditionelle Jakobsweg, der Camino Frances in Nordspanien, der sich über 800km und etwa sechs bis sieben Wochen hinzieht, ist nicht nur eine große Herausforderung, sondern auch ein Gehen, bei dem man irgendwann bei sich selbst ankommt. Buchstäblich holen Sie sich nach vielen Tagen des Laufens selbst ein. Ganz automatisch beruhigt sich der Geist während des täglichen mehrstündigen Laufens. Man wird kaum noch abgelenkt und die Gedanken sind nur noch mit dem Laufen beschäftigt. Es ist so ähnlich wie bei den Marathonläufern, die irgendwann die Fähigkeit besitzen, das Denken einfach abzustellen und sich nur noch auf die Atmung und den Schritt konzentrieren. Viele sprechen von einem meditativen Laufen. Nun müssen wir keinesfalls ein Marathonläufer werden, es reicht vollkommen aus, regelmäßig zu laufen oder zu gehen. Und wenn dabei der Wunsch erweckt wird, wirklich den Jakobsweg zu gehen, wird sich diese Praxis des Sich-im-Augenblick-befindens bewahrheiten und jedem, der sich darauf einlässt, ein unvergessliches Erlebnis bereit stellen. Damit breitet sich auch innere Gelassenheit aus, die wir in diesen Momenten bewusst und eben in der Gegenwart in uns aufnehmen.

Ein großer Stolperstein auf dem Weg zur Gelassenheit angesichts der „wichtigen Dinge im Leben" ist das unangenehme Gefühl der Ungewissheit. Die einzige Abhilfe dagegen besteht darin, einfach loszulassen. Und das geht am leichtesten, wenn man körperlich und geistig entspannt ist. Aber wie geht das? Wie kann ich entspannt sein, wenn so viele Situationen in meinem Leben unsicher und unkontrollierbar sind? Versuchen Sie, so viel wie möglich über Ihre jeweilige Situation herauszufinden und ergreifen Sie dann die notwendigen Maßnahmen. Informieren Sie sich. Zwangsläufig werden Sie irgendwann zu der Erkenntnis kommen, dass Sie das Ende vieler Geschichten gar nicht kennen können. Sie wissen nicht, wie lange Ihre Ehe halten wird und ob Sie bis zum Ende glücklich sein werden. Sie haben keine Ahnung, wie lange Ihre Eltern leben werden oder ob sich Ihre berufliche Karriere so entwickeln wird, wie Sie es sich erträumen. Um diesen so nebulösen Gedanken entgehen zu können, weil all diese Überlegungen in der Zukunft liegen, die wir nicht kennen, müssen Sie loslassen. Denn wenn Sie sich an etwas klammern, bringt das nur noch mehr Anspannung, Stress, Schmerz und Leiden mit sich. Was wiederum neue Probleme aufrufen wird – der Teufelskreis ist perfekt. Der einzige Ausweg daraus ist, sich zu entspannen und aufzuhören, ein Ergebnis kontrollieren zu wollen, das nicht kontrollierbar sein wird. An der jeweiligen Situation können Sie nichts ändern, aber Sie können die Situation und Ihre Reaktion darauf zumindest besser verstehen und dadurch leichter loslassen, weil Sie entspannter sind. Ein Entwicklungsprozess, der positiv ist, weil er dazu führt, dass Sie selbst mitten im Chaos immer noch gelassen sein werden.

Anfangs erscheint das alles sehr aus der Luft gegriffen und undurchführbar. Natürlich erfordert es Übung und natürlich kann man nicht immer perfekt darin sein. Aber wenn man bewusst gewohnte Verhaltensmuster hinterfragt und sie dann auch ablegen kann, dann werden Sie auch entspannen und loslassen. Und damit Gelassenheit erleben.

Finden Sie sich damit ab, dass wir nun einmal nicht wissen, wie die Zukunft sein wird und entspannen Sie sich körperlich und geistig. Bewahren Sie eine positive Einstellung, seien Sie achtsam in Ihren Worten und Taten und akzeptieren Sie auch Ihre Gefühle. Sehen Sie alles so, wie es ist – und dann lassen Sie los.

Dieses Loslassen ist außerordentlich bedeutsam, wenn wir sterben. Da wir weder wissen, was nach unserem Tod geschieht noch wann wir sterben werden, kann uns diese ständige Ungewissheit große Ängste und Sorgen bereiten. Manchmal klammern wir uns aus lauter Angst vor dem Tod so sehr ans Leben, dass davon gar nichts mehr übrig bleibt – ohne uns dessen eigentlich bewusst zu sein. Die Angst vor dem Tod bringt uns dazu, auch Angst vor dem Leben zu haben. In solch einem Zustand ist es nahezu unmöglich, unsere Todesangst zu überwinden.
Daher sollten wir das Problem anders angehen. Nicht aus der Perspektive des Todes, sondern aus der Perspektive des Lebens. Akzeptieren Sie zuerst einmal, dass Sie nur ein Mensch sind und die Angst vor dem Tod etwas ganz Natürliches ist. Und dann machen Sie sich bewusst, dass Sie jetzt, in diesem Augenblick, ja noch im Leben stehen. Vertrauen Sie auf Ihr Leben und schieben Sie den Gedanken und die Furcht vor dem Tod beiseite. Nehmen Sie Ihr Leben und feiern Sie es, seien Sie dankbar dafür und tun Sie irgendetwas, womit Sie diese Haltung auch zum Ausdruck bringen. Sorgen Sie für Ihren Körper. Ernähren Sie sich bewusst und gesund? Schlafen Sie genug? Bewegen Sie sich regelmäßig und ausreichend? Wenn nicht, dann haben Sie eine ganze Menge zu tun. Denn auf dem Weg der Gelassenheit ist es sehr wichtig, auch auf den Körper zu achten. Ein spirituelles Leben spielt sich nicht nur im Kopf ab – wie wir bereits häufiger festgestellt haben. Auch Ihr Körper ist ein wichtiger Bestandteil dieses Prozesses. Je gesünder und beweglicher Ihr Körper ist, desto gesünder

und flexibler wird auch Ihr Geist sein – und natürlich umgekehrt. Wir kennen doch alle die symbiotische Beziehung zwischen Körper und Geist. Diese Beziehung nährt Ihre Seele, die in ihrem Bauch sitzt – und der Bauch ist wiederum ein Teil Ihres Körpers. Wenn Sie also gut für Ihren Körper und Ihren Geist sorgen, streicheln Sie damit auch Ihre Seele. Bemühen Sie sich um eine positive Lebenseinstellung, dadurch bleibt nicht nur Ihr Geist flexibel und in harmonischem Einklang mit Ihrem Leben. Klinische Studien haben bereits bewiesen, dass eine positive Lebenseinstellung Ihr Leben um ganze sieben Jahre verlängern kann. Wenn Sie geistig und körperlich entspannt sind, klammern Sie sich nicht mehr so verzweifelt ans Leben. Dann werden Sie jeden Augenblick Ihres Lebens mehr genießen als je zuvor. Selbst im heftigsten Sturm können Sie sich biegen, ohne zu brechen – wie ein starker, tief in der Erde verwurzelter Baum. Der chinesische Philosoph Laotse hat es einmal so ausgedrückt:
Die Harten, Unbeugsamen sind Schüler des Todes.
Die Weichen, Nachgiebigen sind Schüler des Lebens.
Unter den Unbeugsamen gibt es keine Gewinner.
Wenn ein Baum sich nicht im Wind neigt, bricht er entzwei.

Bleiben Sie also flexibel und doch gleichzeitig in Ihrer Seele zentriert. Sorgen Sie gut für Ihren Körper und Geist und führen Sie ein intensives Leben. Dann werden Sie auch keine Angst mehr vor jenen Dingen haben, die jenseits der menschlichen Erkenntnis liegen.

## Die Magie des Lebens

Wussten Sie, dass die meisten Menschen zwischen 3 und 5 Uhr geboren werden und auch in dieser Zeit sterben? Auch die meisten ärztlichen Fehler bei Eingriffen geschehen zwischen 3 und 5 Uhr. Was passiert nun eigentlich mit uns, wenn wir sterben? Wie macht sich das bemerkbar und was verändert sich?
Der eigentliche körperliche Sterbeprozess beginnt in der Regel etwa 48 Stunden vorher. Erste Anzeichen dafür sind, wenn Sterbende immer weniger sprechen und viel schlafen. Die Durchblutung und der Puls werden schwächer, die Körpertemperatur sinkt und Hände und Füße werden kälter. Auch bläulich verfärbte Finger sind Anzeichen für einen beginnenden Sterbeprozess. Der Atem geht schnell und flach, unregelmäßig und kann öfter Aussetzer haben. Der Sterbende wird teilnahmsloser und reagiert nicht mehr auf seine Umwelt. Auch wenn der Sterbende keine Reaktionen mehr zeigt, kann das Gehirn nach wie vor Töne und Klänge wahrnehmen. Das Gehirn Sterbender reagiert darauf genauso wie das Gehirn junger Menschen. Nach medizinischen Kriterien ist der Tod eingetreten, wenn alle Lebensfunktionen vollständig stillstehen. Dieser Vorgang läuft in mehreren Stufen ab – in der Vita reducta ist noch Herz- und Atemtätigkeit vorhanden, in der Vita minima ist das nicht mehr festzustellen.
Es kommt nicht von ungefähr, dass Sterbende oft noch erklären, dass sie im Leben wahrhaftiger hätten sein sollen und ihre Macken und Schwächen nicht vor anderen hätten verstecken sollen, nur um anderen zu gefallen. Sie hätten sich selbst akzeptieren sollen und sich nicht für andere verbiegen. Wer aber mit sich im Reinen ist, der ist glücklich und kann auch loslassen.

In einer US-Studie wird angedeutet, dass im Augenblick des Todes im Gehirn wirkliche Erinnerungen ablaufen. Zumindest deuten darauf Hirnströme hin, die bei einem Sterbenden aufgezeichnet wurden. Kurz bevor und nachdem das Herz zu schlagen aufhörte, wurden Veränderungen in einem bestimmten Frequenzbereich der neuronalen Schwingungen, den sogenannten Gamma-Oszillationen, aber auch in anderen wie Delta-, Theta-, Alpha- und Beta-Oszillationen aufgezeichnet. Die Hirnwellen bildeten Muster neuronaler Aktivität ab. Verschiedene dieser Wellen werden mit diversen Funktionen verbunden, die jenen ähneln, die während der Meditation oder beim Abruf von Erinnerungen auftreten. Das legt nahe, dass das Gehirn kurz vor dem Tod durch Erzeugung solcher Oszillationen möglicherweise letzte Erinnerungen an wichtige Lebensereignisse abspiele, ähnlich wie bei Nahtoderfahrungen.

Mit dem Sterben steigt der Kohlendioxid-Gehalt in den Zellen an. Das führt zu einer Veränderung der Hirnelektrik und des Hirnstoffwechsels. Auf diesen beiden Klaviaturen werden Nahtoderlebnisse verortet. Solche könnten auch Menschen erfahren, die ihre Meditation beherrschen und damit sehr gut sind. Im EEG der Studie zeigte sich, dass die Gamma-Spektren sehr aktiv waren. In einem konventionellen EEG ist das Gammaband nicht sichtbar. Man weiß inzwischen, dass die Gamma-Aktivität einen Abruf von Erinnerungen darstellt. Steht der Blutkreislauf still, stellt das Gehirn die Kommunikation mit den Zellen ein, bestimmte Rhythmen der Hirnelektrik verschieben sich und die Zellen haben noch einmal einen elektrischen Output.

Solche Studien versprechen ja immer, dass sie hinter den Vorhang des Todes schauen können, doch spielt sich alles, was wir anschauen, vor dem Vorhang ab. Selbst Menschen

mit Nahtoderfahrungen sind dem Tod eben nur nahe gewesen.
Viele Menschen, die einmal eine Nahtoderfahrung gemacht haben, Menschen, die während einer Operation kurz das Leben verloren hatten oder auch Menschen, denen ganz einfach eine unheilbare Krankheit mitgeteilt wurde, bestätigen, dass ihr Leben danach intensiver und bewusster geworden war. Es hatte sich im Umfeld nichts geändert. Weder eine familiäre noch eine soziale Umstrukturierung hatte stattgefunden. Die Veränderung fand in ihrem Geist statt. Das Denken hatte sich verändert, weil es neu strukturiert und konstruiert wurde. Plötzlich wechselten die Prioritäten, vermeintlich Unwichtiges wurde wichtig und umgekehrt.
Was war passiert? Warum erkennen wir erst im Begreifen seiner eigenen Endlichkeit den Kern des Lebenssinns und des Lebensinhaltes? Wie kommt es, dass der Mensch erst begreift, wenn er am Abgrund steht und in die schreckliche Tiefe blickt? Sind wir wirklich so oberflächlich und ignorant, dass wir eine Bedrohung brauchen, um unser Denken umzustellen?
Die Antwort wird leider ein „Ja" sein müssen. Ja, wir sind leider zu oberflächlich – weil wir Menschen sind. Es ist die Eigenart und auch die Kunst unserer Spezies, sich an die jeweilige Umgebung anzupassen. In der Frühzeit sicherte das das Überleben der Gruppe. Ohne Anpassung wäre der Mensch längst nicht mehr auf dem Planeten. Wahrscheinlich wäre das für die Erde kein herber Verlust gewesen – angesichts dessen, wie rücksichtslos er die Erde vergewaltigt. Dadurch, dass sich die Menschen über die vielen Jahrtausende permanent anpassen mussten, wurden sie natürlich geprägt durch ihr soziales und gesellschaftliches Umfeld. Heute sehen wir das ja in einer extremen Form. Nicht nur aus der Notwendigkeit heraus,

sondern auch um des gesellschaftlichen Status wegen. Unser Lebensumfeld, sozial, gesellschaftlich, technisch, familiär oder beruflich, besteht aus bestimmten Rahmenbedingungen, denen wir unterworfen sind. Das sind auch die Richtlinien unseres Denkens, unseres Erfassens der Wirklichkeit und den daraus resultierenden Wünschen und Träumen. Alles ist abgestimmt auf die momentanen Bedingungen unseres Lebens. Wir sind in einer Gesellschaft integriert, in der wir alles Positive und auch Negative leben müssen, ob wir wollen oder nicht. Manipuliert mit einem Denken, das kaum die Oberfläche durchdringt, weil wir – ich sage das jetzt so, wie ich auch meine – weil wir funktionieren müssen. Das ist beileibe nicht unbedingt etwas Schlechtes, aber es lässt kaum Raum für genügend Individualität. Die Schnelllebigkeit hat uns oberflächlich werden lassen, ohne dass wir fähig sind, dem etwas entgegen setzen zu können. Und trotzdem – es gibt glücklicherweise so viele Menschen, die die Oberflächlichkeit verlassen und in eine Tiefe gehen können, die uns so viel Freude bereiten kann. Schriftsteller, Philosophen, Forscher und Wissenschaftler geben uns immer wieder bemerkenswerte Beweise, dass wir eben doch fähig sind, die Oberflächlichkeit zu verlassen und sie lieber denen überlassen, die nicht gewillt sind, etwas anderes zu leben als das, was sie tun – oder nicht tun.

Ich muss zugeben, dass es alles andere als einfach ist, Menschen zu finden, die sich die Mühe machen, über den einfachen Horizont hinaus zu sehen. Aber es gibt sie und sie sind extrem wichtig. Und es müssen nicht einmal die großen Denker sein, Intellektuelle oder Menschen mit großem Wissen. Oft sind es Menschen, die einfach gestrickt sind, aber ein großes spirituelles Potential besitzen – und das Interesse und die Neugier, sich auch mit Dingen zu beschäftigen, die man nicht sieht, die man nicht in die Hand

nehmen kann und die niemand kaufen oder verkaufen kann. Mehrmals im Leben bin ich mit solchen Menschen in Kontakt gekommen. Oft rein zufällig, über Freunde und Bekannte, im Beruf, im Sportverein oder auf Reisen. Diese Begegnungen waren Balsam für meine Seele und haben meinen Positivismus wieder hochgehalten. Es war eine große Freude, mit ihnen kommunizieren zu dürfen und oft hatte ich mir gewünscht, diese Bekanntschaft weiter zu führen. Nur in seltenen Fällen hat das geklappt.
Ich habe einen sehr guten Freund, mit dem ich mich in regelmäßigen Abständen treffe. Er ist einer der Wenigen, der noch mit seiner in sehr jungen Jahren getroffenen Liebe verheiratet ist. Glücklich verheiratet ist. Wir kennen uns seit der ersten Klasse und können uns beide wohl sehr gut einschätzen. Ich glaube, ich ihn eher als er mich, wobei er meinen Seelenkern schon ganz gut kennt. Er ist ein sehr extrovertierter Mensch, der die Gesellschaft von vielen anderen liebt und mit vielen Menschen sehr viel Zeit verbringt. Es ist sein individueller Ruhepol und sein Ausgleich zu vielen Dingen des Lebens. Er ist einer der wenigen extrovertierten Menschen, die ich kenne, der sehr wohl die Oberfläche verlassen kann. Und er genießt sehr wohl auch die Ruhe und die Stille, ob an Urlaubsorten, bei Spaziergängen oder in seinem eigens dafür aufbereiteten Garten. Bereits in unserer Jugend war das auffallend, selten zwar, aber ich habe es bemerkt. Sein Faible, sich in großer Runde besonders wohl zu fühlen, macht ihn auch anfällig, oft seine Meinungen anderen aufoktroyieren zu wollen. Viele Jahre hat er das intuitiv auch bei mir immer wieder versucht, nicht mit bösen Absichten – er war damit weitgehend erfolglos, weil ich damit schon frühzeitig eine Aversion aufgebaut habe. Schon als Jugendlicher wollte ich mir meine eigene Meinung bilden, ohne dass mich andere „aufklären" oder gar manipulieren wollten. Mich hat

fasziniert, dass er einerseits Schwierigkeiten und Unverständnis mit meiner Introvertiertheit hatte, aber andererseits das für ihn auch sehr aufschlussreich war. Er hat versucht, meine Beweggründe für mein manchmal fremdartiges und geheimnisvolles Verhalten zu verstehen. Er hat seine Oberfläche verlassen, um Zugang zu meiner persönlichen Denktiefe zu bekommen. Heute versteht er meine Motivation, er weiß, was mir wichtig ist und was ich gar nicht leiden kann. Er kennt meine Spiritualität und viele Teile meiner Denkweise und Überzeugungen. Was er früher als Spleen oder Unsinn abgetan hatte, ist heute nicht nur der Überlegung wert, sondern auch des Versuchs, zu verstehen. So ganz wird er mich wahrscheinlich nie verstehen können, dafür fehlt ihm ein letztendliches Verständnis. Aber wir können ohne große Hemmungen sehr tiefgehende Gespräche führen und gleichzeitig lachen wie kleine Kinder. Trotz unserer so verschiedenen Anlagen genießen wir unsere Treffen sehr – wahrscheinlich, weil wir eben so verschieden sind. Und weil wir uns und unsere Eigenart bedingungslos akzeptieren. Damit will ich sagen, dass auch Menschen, die so geprägt von ihrem gesellschaftlichen Umfeld sind, die auch durch ihren Drang nach außen und nach Menschen eigentlich nicht zu besonderem Tiefgang neigen, dies trotzdem sehr gut können. Alle Menschen sind auf irgendeiner Suche, die sie irgendwann zu einem Ziel führt. Extrovertierte und Introvertierte sind da sehr unterschiedlich beschaffen, wenn es um die Methode dabei geht. Lange Zeit hat mein Freund nicht verstehen wollen, dass es mich nicht unbedingt zufrieden oder gar glücklich macht, wenn ich mich auf einer Party, einem Grillfest oder auf einem Event befinde. Meistens habe ich mich dort bald verabschiedet und heute gehe ich schon gar nicht mehr hin. Ich fühle mich unwohl und habe erst in späten Jahren verstanden, dass ich nicht seltsam bin, sondern dass es

einfach Teil meiner Wesensart ist, sich in großer Gesellschaft unwohl zu fühlen. Was nicht heißt, dass ich es nicht genieße, mich mit Menschen austauschen zu können. Natürlich tue ich das, aber eben lieber in einem kleinen Kreis.
Tatsächlich verbindet uns eine selten gute Freundschaft, die nächstes Jahr seinen sechzigsten Geburtstag feiert. Man sagt ja immer, man braucht nicht viele Freunde, um zufrieden zu sein. Zwei oder drei genügen, aber das sind dann richtige Freunde, auf die man sich auch verlassen kann.

Wenn wir uns den Titel dieses Kapitels noch einmal ansehen, ist es wichtig, dem Leben und seinen Eigenarten die Magie einzuhauchen, die es auch verdient. Und unter Magie verstehe ich nicht eine materielle Unterstützung, etwa ein Ding, das ich kaufen kann und an dem ich mich erfreuen kann. Es ist vollkommen unnötig, dabei ein eigenes Haus, ein großes Auto, extravagante Kleidung oder eine pompöse Einrichtung als Maßstab zu nehmen. Nein, es geht um die Magie der Empfindungen, der Gefühle, der Emotionen, der Freude und der Liebe. Die magischen Momente, die wir während unseres Lebens in uns aufnehmen, machen uns zu dem, was wir heute sind und was wir heute leben. Sie definieren mitunter unser Seelenleben und kreieren Wünsche und Träume. Diese Erinnerungen, die eng einhergehen mit einem Glücksempfinden, sind sozusagen das Salz des Lebens. Diese Momente bedeuten eine Balance, die unabdingbar ist, um eine angesprochene Gelassenheit und Ruhe als Teil unseres Selbst etablieren zu können. Sollte es irgendwann einmal gelingen, das Leben an sich als die wahre Magie wahrzunehmen, dann bin ich überzeugt, dass man dann auch absolut bewusst lebt.

Manchmal werden wir uns klar, dass – vielleicht nur in einigen wenigen Momenten – das das wahre Leben ist. Oft hatte ich diese Momente, in denen ich sagen konnte, ja, das ist das wahre Leben, das ist das, was sein sollte, wie es sein sollte und wie ich es mir wünschen würde. Solche Momente sind super schön und absolut inspirierend, aber es sind eben nur Momente, die auch wieder vergehen. Vielleicht ist es sehr schwer, die Magie eines Augenblicks auf ein ganzes Leben umzumünzen, aber wenn wir uns damit nicht bemühen, wird es auch nie geschehen.

Magische Augenblicke sind so vielfältig wie die vielen verschiedenen Blumen, die man auf einer großen Wiese findet. Wir können diese Augenblicke nicht voraussagen, wissen nicht, wie sie aussehen werden und haben keine Ahnung, was sie in uns auslösen werden. So etwas geschieht meist plötzlich, ohne Vorwarnung und ohne besondere Vorzeichen. Sie sind einfach da – und dann steht auf einmal die Zeit still.

Ich war bereits mehrere Male in Irland, weil die Insel so viel Besonderes bietet. Sie ist schnell erreichbar, sogar für ein verlängertes Wochenende und ich mag das milde Meeresklima sehr. Immer habe ich das Gefühl, dass dort die Uhren langsamer laufen und die Menschen gelassener und lockerer im Alltag sind. Ich mag die irische Art und ich liebe die Pubs. Es gilt als sicher, dass das Guinness in Irland viel besser schmeckt als in Deutschland. Warum? Das liegt wohl an der eigenen Wahrnehmung und an dieser Anpassung der Gelassenheit. Es liegt an der Umgebung, am brandenden Ozean, an den bezaubernden Hügeln und Bergen und an dem Grün der Wiesen und Weiden. Es liegt an der Geschichte, am unglaublichen Licht, wenn die Sonne durch die Wolken stößt und an einer intensiven Lebenslust, wenn man morgens aufsteht und einen klaren Himmel und ein noch klareres Meer sehen kann.

Als ich einmal mit einem Freund dort gewesen bin, sind wir abends – es war Sommer und noch lange hell und sonnig – in den naheliegenden beschaulichen Ort gefahren, um zu essen und im Freien ein paar Guinness zu lüpfen. Im Ort gab es einen zentralen Platz, an dem ein paar Straßen sich zusammen fanden. Ringsum Cafés, Pubs, Restaurants und verschiedene Geschäfte. Alles überschaubar, idyllisch und wohlfühlend. Wir wollten gerade einen der Pubs ansteuern, da tauchte ein uralter Traktor auf, der einen Hänger mit Plane nach sich zog. Mitten auf dem Platz blieb er stehen und die Plane des Hängers wurde zurück geschlagen. Zum Vorschein kam eine kleine Bühne, auf der bereits ein kleines Schlagzeug und ein paar Boxen aufgebaut waren. Innerhalb kürzester Zeit war der Platz bevölkert, ein paar junge Musiker kletterten auf den Wagen und nahmen ihre Instrumente auf. Ich lief schnell in einen Pub und holte uns Guinness. Als ich wieder zurück kam, fingen die jungen Leute bereits zu spielen an. Irish Folk as its best...es war wirklich wahnsinnig toll. Ich liebe den irischen Folk und gehe darin wirklich auf. Kennen Sie den Moment, wenn wirklich alles passt, wenn nichts, aber auch gar nichts stört und Sie nur fasziniert und absolut glücklich sind? Das war so ein Augenblick. Er war so perfekt, wie ein Augenblick nur perfekt sein kann. Und ich glaube, alle Zuhörer spürten das genauso. Es war so spontan und unerwartet und darum doppelt schön. Die Sonne war noch nicht ganz untergegangen und strahlte über unsere Köpfe hinweg auf die kleine Musikgruppe, die eine ganz traditionell irische Session ablieferte. Ich sah kein einziges Gesicht in der Menge, das nicht lächelte und mit diesem einzigartigen irischen Sound mit wippte. Es war ein perfekter Moment. Es war ein magischer Moment. Ein Moment, der sich nicht nur über ein paar Augenblicke hinzog, sondern über ein paar Stunden. Wir gingen erst spät in der Nacht nach Hause -

nach der Musik, nach dem Glücklichsein, nach etlichen Guinness. Selten hatte ich mich so frei und so gut gefühlt. Niemals habe ich diesen wunderbaren Abend vergessen.
Viele dieser magischen Momente habe ich natürlich auf Reisen erlebt. Ob auf den riesigen Dünen Te Pakis am neuseeländischen Cape Reinga oder in den Bergen der Pyrenäen, ob in Medan auf Sumatra oder den italienischen Stränden der Riviera. Ob auf Hawaii am North Shore oder auf einem Landgut in der Toskana. Ob in Singapur, Colombo, Shanghai, den Cook-Inseln der Südsee oder am Mount Taranaki in Neuseeland. Unvergessen sind die Abende am Gorges du Verdon im Süden Frankreichs oder die Fahrt durch die Provence. Eine Motorradreise über die Alpen zum Comer See und die aufregenden und wunderschönen Passstraßen. Die magischen Momente auf Bali, wo ich die intensivsten Augenblicke meines Lebens erleben durfte, die grandiosen Begegnungen mit so vielen Menschen, die alle so freundlich und offen waren, dass es mir bei manchen Erinnerungen die Tränen in die Augen treibt. Nie zu vergessen, die einzigartige Begegnung mit der Unterwasserwelt der Malediven.
Eine der emotionalsten Momente war der Morgen unserer Hochzeit. Kurz vor Sonnenaufgang war ich aufgestanden und auf den Balkon unseres Motels gegangen. Wir hatten einen Wahnsinnsblick über die ganze Bucht. Es war so ruhig und still gewesen, als wenn die Welt diesen Augenblick nur für mich stillstehen ließ. Die Sonne ging auf und schickte das schönste Licht auf das Meer, das ich jemals gesehen hatte. Ich war dermaßen ergriffen, dass ich mich minutenlang nicht mehr bewegt hatte und nur auf dieses Kunstwerk starrte. Ich weiß nicht mehr, was ich in diesem Moment gedacht habe, aber ich kann mich noch genau an dieses brennende Gefühl erinnern, das mein Herz, meine Seele und meinen Geist berührte und mir im Bruchteil einer

Sekunde sagte, wie im Grunde genommen mein zukünftiges Leben aussehen sollte. Es ist mittlerweile sechsunddreißig Jahre her, ohne dass ich dieses Bild jemals aus den Augen verloren habe. Ich hoffe, dass es bis zuletzt Bestand haben wird.

Natürlich habe ich auch magische Momente hier in meinem Heimatland erleben dürfen. Momente mit liebevollen Frauen, in die ich verschossen war, Momente, in der die Musik mich vollständig eingenommen hatte, Momente mit Büchern, die mich nicht mehr losließen oder der Moment, in dem ich auf einer Bühne vor so vielen jungen Leuten mit meiner Gitarre stand und mit meiner Band das erste Mal einen Song gesungen und gespielt habe. Dieser ultimative Moment, als der Applaus und ein unbeschreiblicher Lärm auf mich einstürmte, war absolut einzigartig. In diesem großartigen Augenblick spielten meine Belange der Introvertiertheit keine Rolle, ich konnte dieses Bad in der Menge mit all meinen Sinnen genießen und nur glücklich sein.

All diese wunderbaren Augenblicke, die ich gar nicht alle aufzählen kann, sind Teil meiner Persönlichkeit und haben meine Sicht auf mein Leben maßgeblich beeinflusst. Wer weiß, wo ich heute stehen würde, hätte es diese Momente nicht gegeben. Sie haben mir gezeigt, was wichtig ist und was weniger wichtig ist. Und sie waren vor allem mitverantwortlich, das Denken über die Existenz nicht einfach mit dem Leben zu belassen, sondern weiter zu gehen, das Sterben und den Tod mit einzubeziehen und darüber hinaus eine Quelle der Hoffnung und des Vertrauens auferstehen zu lassen, die jenseits unseres jetzigen Daseins angesiedelt sind. Ich habe gelernt, den wichtigen Momenten mehr Aufmerksamkeit und mehr Raum zu geben, um letztendlich dieses Lebensbild, das man wie ein großes Puzzle zusammensetzt, zu einem klaren und transparenten

Gemälde zaubert, in dem es keine dunklen Stufen geben wird. Das letzte Puzzleteil, das gesetzt wird, wird kein dunkles sein, sondern das hellste der vielen kleinen Fragmente, die man im Laufe der Zeit selbst entworfen hat. Es wird das Teilchen sein, das dieses Lebensbild erst perfekt macht. Ich habe keine Ahnung, wann es abgelegt wird und es spielt auch überhaupt keine Rolle. Wir wissen es alle nicht und das ist auch gut so. Ich glaube, ich bin soweit, dass ich meine tiefen Ängste besiegen kann und mit Zuversicht und einer in einer mehrjährigen Praxis erworbenen Hoffnung und dem daraus resultierenden Wissen ein noch vielleicht fragmentiertes Bedauern getrost beiseite schieben kann. Ich habe alle möglichen und unmöglichen Höhen und Tiefen emotionaler Bandbreite kennen gelernt. Ich habe gewonnen und verloren, ich habe mir das Wissen um das gelebte Leben vielleicht mühevoll, aber immer mit Leidenschaft angeeignet. Mir wurde nichts geschenkt, alles wurde erarbeitet. Manches fiel mir leicht, vieles schwer. Meine Neugierde wurde nur selten ganz befriedigt und mein Enthusiasmus ermutigte mich immer zu mehr und mehr. Es gab niemals ein Limit, das ich setzen musste. Etliches wurde angepasst, aber ohne dass ich es bedauern musste. Meine Erlebnisse waren meines Erachtens wesentlich intensiver als die meines Bekannten- und Freundeskreises. Ich bin stolz, so zu sein, wie ich nun mal bin, war immer froh, Tiefgang ohne Grenzen zu besitzen und bereue nur die Dinge, die ich nicht getan habe. Und das auch nur, weil ich meinem Magengrummeln oft nicht nachgegeben hatte. All meine Jugendträume habe ich mehr als erfüllt. Ich habe sie in Höhen führen können, von denen ich nicht einmal geahnt habe, dass es sie gibt. Ich habe meine Persönlichkeit, meine Überzeugung und meine Authentizität immer gegen alle Widerstände verteidigt und bin manches Mal weit über mich hinausgewachsen. Auch wenn einiges nicht zum gewünschten Erfolg führte, spürte ich mein eigenes Wachstum, das mich selbstbewusster, klarer und angstfreier machte. Alles, was jetzt noch kommt, ist ein angenehmer Bonus, ein Zubrot, das ein Leben nur noch abrunden kann und dem Raum dazu noch weitere Räume freigibt.

Wenn das Universum unendlich ist, dann ist auch unser Geist der Unendlichkeit fähig. Seit ich ein Kind gewesen bin, habe ich eine permanente Entwicklung erleben dürfen. Manche Stufen wurden mir hingestellt, die meisten habe ich selber gezimmert und sie dann genommen. Die wichtigste aller Stufen war meine Spiritualität, die ein manches Mal mehrere dieser Hürden auf einmal übersprungen hat und mich darauf aufmerksam machte, dass im richtigen Moment auch das richtige Handeln folgen muss. Ich habe vieles falsch gemacht, war oft zögerlich und auch ängstlich, ich war zurückhaltend und schüchtern, hatte Furcht und manche dummen Ängste. Das Leben hält dies alles nicht zurück, sondern schmeißt dir mit aller Gewalt manches vor die Füße oder gleich mitten ins Gesicht. Aber ich habe meine Fehlentscheidungen und meine Missgriffe akzeptiert, habe sie entweder repariert oder relegiert, habe schwere Fehler niemals ein zweites Mal gemacht und wollte immer auch besser werden. Nur für mich, nie für andere.

Ich bin heute froh, dass ich mich rechtzeitig für eine Beschäftigung mit der Existenz entschieden habe, denn dadurch war dieses Feld immer in der Lage, zu wachsen und immer noch Neues daraus zu ernten. Ich habe es gelernt, den Tod zu akzeptieren und ihm gelassener entgegen sehen zu können. Sicherlich spielt sich das Meiste darin theoretisch ab. Doch die Verbindung mit der bekannten Praxis befähigt mich wenigstens, mit einer erlernten Methodik dem Sterben furchtloser zu begegnen. Was dabei wirklich passieren wird und ob ich fähig sein werde, mein erlerntes Wissen und die zugehörige Praxis auch effektiv anwenden zu können, weiß ich heute nicht. Wir können nicht in die Zukunft sehen und ob sie schon geschrieben ist, wissen wir auch nicht. Und sollte es in den Sternen stehen, dann wird es so weit entfernt sein, dass es keine Auswirkungen auf uns und unsere Zukunft haben wird. Wir können uns nur so vorbereiten, wie es verschiedene Anleitungen und jahrhundertealte Erkenntnisse uns lehren. Zusammen mit der individuellen Kreativität unseres Geistes. Im Endeffekt wird es an uns allein liegen, was wir damit tun. Denn, auch das wissen wir, auch wenn wir eine harmonische Sterbebegleitung haben sollten, auch wenn wir vielleicht im Kreis unserer Liebsten unsere letzten Stunden erleben..sterben werden wir alleine...und das ist gar nicht schlimm.

## **Und nun??**

Ja, was ist denn nun? Wir haben bis hierher viel geplaudert über das Leben, über das Sterben und über die Bedingungen des Daseins. Eines dürfte auf jeden Fall klar erscheinen und damit enden wir mit der ersten Seite dieses Buches. Unsere Existenz können wir nur im Einklang des Lebens *und* des Todes wirklich und wahrhaftig erkennen. Von Anbeginn unseres bewussten Denkens werden wir uns bemühen, ein gutes und zufriedenes Leben zu führen. Damit ist der Grundstein gelegt, um sich eines Tages furchtlos dem Sterben und damit dem Tod und dem diesseitigen Ende widmen zu können. Was in einem möglichen Jenseits auf uns wartet, wie es beschaffen sein wird, ob es überhaupt in unserem Verständnis eine andere Welt gibt, spielt in der Überlegung des Menschen einer Symbiose zwischen Leben und Tod nur eine Nebenrolle. Uns geht es darum, ein Leben im Angesicht dessen abschließen zu können, wie intensiv ich dieses Leben gelebt habe und welche Hoffnung ich bis zuletzt aufrecht erhalten kann. Es wird sich im Sterbeprozess wahrscheinlich ein Gedanke einnisten, der die Frage enthält, was nach dem Tod kommen wird. Wenn wir unsere Überzeugung, die wir im Laufe vieler Jahre in uns vollständig aufgenommen haben, in diesen Prozess mitnehmen können und wenn wir unseren Geist dadurch auch beruhigen können, indem wir unsere persönliche Vorstellung als Glaube werten, dann werden wir in Frieden gehen können. Dann wird der Augenblick kommen, um alles loszulassen. Es wird uns nicht mehr schwerfallen, weil alles getan worden ist, das nötig war. Wie wir mit dem Tod und mit dem Sterben umgehen, wird die finale Reifeprüfung werden, die uns auferlegt wird. Anders als Schulabschluss, Lehre oder Staatsexamen können wir diese Prüfung weder umgehen noch davon laufen. Wir können auch nicht durchfallen oder nicht bestehen. Unsere einzige Benotung wird sein, wie unser Geist beschaffen sein wird. Ob er unruhig ist und panisch - oder ruhig, gelassen und mit der Welt und dem Universum im Einklang. Und wenn uns tatsächlich eine andere Welt empfängt, dann umso besser, weil hoffentlich besser, schöner und heller. Wenn sich die Reinkarnationstheorie bewahrheitet, dann nehmen wir gerne die Chance auf ein noch intensiveres, zukünftiges Leben auf und vertiefen unsere Anstrengung der letztendlichen Stufe. Dann werden wir sehen, was unser Geist und die Seele an Energie verwalten kann und vielleicht doch etwas unsterblich ist, das nicht an einen Körper gebunden ist.

Im Moment aber kann ein jeder sich in den Spiegel sehen und sicher sein, dass alles in seinen eigenen Händen liegen wird. Ob Freude, Glück, Zufriedenheit und Liebe, ob Schmerz, Trauer, Leid und Angst – wir selbst sind es, die dem allen Struktur und Balance geben können. Wir sind für unser Denken, für unser Handeln und für unser eigenes Licht selbst verantwortlich. Niemand kann und niemand sollte das Denken für uns übernehmen. Darin sind wir absolut frei und diese Freiheit sollte ein jeder nutzen. Wie hell dieses Licht scheinen soll, entscheiden wir. Glück und Liebe zu empfinden, legt nicht die Gesellschaft, unsere familiären Verhältnisse oder unser Bekanntenkreis fest – sie sind Bestandteil unseres individuellen Geistes und dessen, was wir bereit sind, darin zu investieren. Das Leben besteht nicht nur aus absolut Positivem und absolut Negativem, es gibt so viele Nuancen dazwischen. Das ist auch keine Grauzone, sondern ein buntes Kaleidoskop, das uns erwecken kann, das uns erhellen kann, das uns inspirieren kann und das die Essenz allen Seins darstellt. Wir haben Zugriff darauf, wir müssen nur die Hand danach ausstrecken. Vielleicht wird es Mühe kosten und vielleicht wird es anstrengend, aber es wird sich immer lohnen. Wenn wir mit dieser bunten Vielfalt dieses Leben leben und auch beenden, dann mit aller Zuversicht, tiefer Dankbarkeit und noch mehr Vertrauen. Denn zum Schluss kann es nur um einen letzten Gedanken gehen, der ausschließlich aus Licht bestehen wird...dann ist alles gut...

# Epilog

Wenn Sie diesen Satz gerade lesen, haben Sie sich die bemerkenswerte Mühe gemacht, sich durch ein nicht gerade einfaches Thema zu lesen. Ich möchte dazu einfügen, dass meine ganzen Ausführungen nicht auf wissenschaftlichen Grundlagen basieren, sondern auf verschiedenen Lehrweisen und philosophischen Erkenntnissen. Vielleicht haben Sie andere Erfahrungen und andere Meinungen für sich beansprucht, doch im letztendlichen Gefüge werden sie sich immer überschneiden und im selben Trichter münden. Wie ich schon angeschnitten hatte, beruhen viele meiner Erkenntnisse auf subjektiven Erlebnissen, die ich nur tiefer und weiter ausgeführt habe - mittels den teilweise sehr detaillierten Herangehensweisen spiritueller Weiser und den spezifischen Überlieferungen der Glaubensrichtungen.

Aber es ist mir sehr wichtig, darauf hinzuweisen, dass alle Vorschläge für ein gutes Leben und ein gutes Sterben eben nur Vorschläge und Ratschläge sein können. Nur Sie selbst sind in der Lage, durch Ihren Geist, Ihre Kontemplation und Ihre Hingabe ein inneres Umdenken in Gang zu setzen. Das Wissen der Welt ist immens und wir haben heutzutage alle Möglichkeiten, darauf zuzugreifen. Die Schlussfolgerungen und die Konsequenzen daraus müssen Sie trotzdem selber ziehen.

Vielleicht meinen einige, die Evolution des Menschen ist mit unserem momentanen Standard abgeschlossen. Mitnichten. Wir stehen vor einem großen Sprung. Unser Geist steht vor einem großen Sprung. Sie stehen vor einem großen Sprung, wenn Sie es geschafft haben, dieses Buch bis hierher zu verfolgen, denn dann habe ich schon mein Ziel damit erreicht, Sie zu mehr zu inspirieren. Ich wollte nicht Sie als Leser anleiten und Ihnen etwas lehren, das Sie im Grunde genommen eh schon wissen. Ich möchte, dass sich der/die Leser/In Gedanken macht. Gedanken über das wahre Leben, das wahre Sterben, Gedanken über seine eigene Existenz und die Möglichkeiten dabei. Ich möchte, dass Sie Ihr Leben so gut wie möglich leben. Ich möchte, dass Sie Dinge in Betracht ziehen, die bis jetzt keine große Rolle gespielt haben. Ich möchte, dass Sie Ihre eigene ganz individuelle Spiritualität in sich wahrnehmen. Ich möchte, dass Sie Ihr Leben bis zuletzt mit Freude spüren – und wenn Sie dieses Leben beenden müssen, dann denken Sie mit derselben Freude an ein Sterben, das möglicherweise in einer anderen Daseinsform neu beginnen darf. Unser Geist darf sich dies alles vorstellen, denn er wird Teil einer Unendlichkeit sein.

Bleiben Sie positiv und gesund, bleiben Sie neugierig und wissbegierig, bleiben Sie ambitioniert – und bleiben Sie in Ihrem Wesenskern Sie selbst. Bleiben Sie ein Unikat.

# Danksagung

Ich möchte meinen Dank nicht ausschließlich personifizieren. Natürlich gibt es sehr viele Menschen, denen ich meinen Dank sagen möchte. Menschen, die mich inspiriert haben, die mich akzeptiert und respektiert haben und mich immer wieder ermuntert haben, mich nicht verbiegen zu lassen und meinen Weg zu gehen. Wo auch immer er mich hin getragen hat. Als jemand, dem der Buddhismus sehr nahe steht, sehe ich jeden Menschen, dem ich begegnet bin und mit dem ich in Kontakt getreten bin, als einen Lehrer an. Jeder dieser Menschen hat mich etwas gelehrt, auch wenn es noch so minimal gewesen sein mag. In der Summe bedeutet das einen wichtigen Teil meiner Persönlichkeit und meines Denkens. Natürlich haben etliche Menschen einen entscheidenden Anteil daran. Ich denke an meine Tochter, an meinen besten Freund, an meine verstorbene Frau oder auch an die Eltern, die mir paradoxerweise das Rebellieren gegen bestehende Konventionen und Indoktrinierung ermöglicht haben und somit einen Grundstock gelegt haben, der Zweifel und Kritik so lange oben angestellt hat, bis eine Überzeugung alles zerstreut hatte. Ohne dass sie es jemals verstanden hätten, haben sie meinen eigentlichen Wesenskern in Gang gesetzt. Viele der Menschen, die mich so gesehen haben, wie ich nun mal bin, haben entscheidenden Anteil an meiner geistigen und spirituellen Bauart. Ich kann nicht alle diese Personen aufzählen, denen ich Dank sagen möchte.
Vor allem aber danke ich dem Leben. Es ist ein unschätzbares Privileg, dass ich durch meine Sinne, meinem Verstand und der Möglichkeit des Menschseins die Welt mit all seinen Wundern und Schönheiten erfassen kann und

damit in eine Erkenntnis eingehe, die mir meine Existenz und das Dasein auf einem goldenen Tablett überreicht. Ich erachte das nicht als selbstverständlich, Zugriff auf die Tiefe seines eigenen Geistes haben zu können und damit diesen gewaltigen Schritt nach oben und nach vorne zu tun. Ich danke dem Leben für die vielen tausend Möglichkeiten, die ich beileibe nicht alle habe nutzen können. Doch es macht mich schon zufrieden und überaus glücklich, so weit in diesem Leben gekommen zu sein, wo ich mich jetzt schon befinde.

Mein Dank gilt überdies all jenen Menschen, die mir auf meinen Reisen begegnet sind und mir gezeigt haben, welche Lebensoptionen man eigentlich hätte, würde man fähig sein, aus all dem eine ideale, absolut persönliche Lebensführung und Haltung kreieren zu können. Vielleicht ist dieser Drang nach Sicherheit und Stabilität, der uns Menschen ja ausmacht, ein Hemmschuh, der uns dahingehend blockiert, indem uns so manches Mal der Mut fehlt oder der Wille, sich selbst entgegen aller Widerstände und Richtungsvorgaben mehr Raum zu gönnen. Ich nehme mich davon nicht aus, spüre doch selbst immer wieder, wie mich dieser Drang einengen kann. Doch ab und an, wenn der Mut, die Begeisterung, die Sehnsucht und die Vorstellungskraft alle Macht übernimmt, man sich so sorglos und ruhig fühlt, die Welt sich einfach darbietet und sie sich so klar zeigt, wie es im Grunde genommen sein sollte...dann ist meine Dankbarkeit am Größten. Denn dann danke ich meinem mir eigenen Wesen, meiner Intuition, meiner Fantasie und meinem Ich. Denn manchmal ist es gar nicht so schlecht, sein Ich hochleben zu lassen...